W0279076

ADVENT
VERLAG

MIKE TUCKER

MIT DEM *Morgen* KOMMT DIE FREUDE

MEIN WEG DURCH DIE **TRAUER**

ADVENT VERLAG

Originaltitel: *Tears to Joy – One Man's Journey Through Grief*

Projektleitung: Daniel Wildemann
Übersetzung: Ellen Rebein
Lektorat: Inga Bertz
Korrektorat: Nicole Spöhr
Einbandgestaltung: Simon Eitzenberger – desim.de
Titelfotos: istockphoto.com – john shepherd
Satz: rimi-grafik, Celle
Gesamtherstellung: Thiele & Schwarz GmbH, Kassel

ISBN: 978-3-8150-1986-3

Inhalt

Widmung

Gayle und ich waren vierzig Jahre, drei Monate, dreizehn Tage und drei Stunden verheiratet, bevor sie am 10. April 2016 starb. Zwei der allerbesten Dinge, die unsere Ehe hervorgebracht hat, sind unsere beiden Töchter, Allison und Michal. Dieses Buch ist unseren Töchtern gewidmet.

Diese zwei rechtschaffenen Frauen erinnern mich jeden Tag an ihre Mutter. Ihre Leidenschaft für Jesus, ihre Liebe für andere, ihre Hingabe für unsere Familie, ihr Engagement für ihre Kirchengemeinde und ihre Sehnsucht danach, andere im Himmel zu sehen, sind Eigenschaften, die sie größtenteils am Beispiel ihrer Mutter gelernt haben. Ebenso wie Gayle sind sie bewundernswert intelligent und belesen, jede ist in ihrem Bereich besonders herausragend, und sie haben ein unglaubliches musikalisches Talent. Und wie Gayle geben Allison und Michal tagtäglich allen um sich herum die Liebe Jesu weiter.

Viele Familien werden durch einen Verlust, der so bedeutend ist wie ihrer, auseinandergerissen. Doch diese beiden Frauen sind fest entschlossen, unsere Familie dieses Schicksal nicht teilen zu lassen. Stattdessen ist ihre Verbindung zueinander und zu mir durch diesen schrecklichen Leidensweg noch stärker geworden.

Im Sommer nach dem Tod ihrer Mutter wechselte Allison den Beruf. Sie gab ihre Stellung als Schulleiterin einer christlichen Schule auf und wurde Pastorin in derselben Gemeinde, in der ihre Mutter und ich siebzehn Jahre lang gemeinsam als Pastoren gearbeitet hatten. Sie hat einige ihrer Verantwortlichkeiten übernommen und übt nun dasselbe Amt aus, wie ihre Mutter es während der gesamten Dauer ihrer Anstellung dort getan hat. Gayle wusste von Allisons bevorstehendem Berufswechsel und war außer sich vor Freude. Ich bin sehr stolz auf die hervorragende Arbeit, die sie im Dienst für Kinder, Frauen und Senioren in dieser wundervollen Kirchengemeinde leistet.

Michals Ehe mit Levi ist stärker geworden, obwohl diese Art von Verlust oft den gegenteiligen Effekt auf eine Ehe hat. Die beiden haben mit bewundernswertem Geschick und Feingefühl daran gearbeitet, ihren Kindern zu helfen, den Verlust ihrer Oma auf eine gesunde Art und Weise zu betrauern. Diese Eltern haben nicht zugelassen, dass Gayles Tod ihr Zuhause zerstört. Stattdessen erstaunen sie mich immer wieder mit einer Weisheit, die ihr Alter übersteigt. Ich bewundere sie als Eltern und als Ehepaar. Ebenso bewundere ich Michals erstaunliche Fähigkeiten als Beraterin, täglich Menschen in allen Facetten ihres Lebens zu unterstützen.

Während sich dieses Buch hauptsächlich auf meinen persönlichen Trauerweg konzentriert, könnte es genauso gut Allisons und Michals Weg durch die Trauer beschreiben. Ich verdanke ihnen beiden viel und bezweifle ernsthaft, dass meine Neuorientierung ohne ihre Liebe und Unterstützung so verlaufen wäre, wie sie es ist.

Allison und Michal, ihr seid der krönende Erfolg meines Lebens mit eurer Mutter. Wir beide haben euch immer geliebt und geschätzt. Ich freue mich auf den Tag, an dem wir eure Mutter wiedersehen. Gayle wird nicht überrascht sein von den Geschichten, die ich ihr darüber erzählen werde, wie ihr mit ihrem Tod umgegangen seid. Sie wird dankbar sein zu hören, dass ihr glücklich gelebt und von Herzen geliebt habt.

Vorwort

In meiner jahrelangen Tätigkeit als Berater, Pastor und Seelsorger leitete ich Seminare für Trauerbewältigung. Ich verwies darin auf die Forschung, sprach über meine eigenen Erfahrungen und teilte Trauerberichte derjenigen, denen ich hatte helfen dürfen. Im Großen und Ganzen waren meine Lehren hilfreich und viele Menschen bestätigten den Nutzen für ihren eigenen Prozess der Neuausrichtung.

Obwohl ich schon am eigenen Leib Verluste erlebt hatte, gab es nie diesen einen lebensverändernden, niederschmetternden Verlust, den man nur durch den Tod eines Partners, eines Kindes oder durch eine Scheidung erleidet. Diese drei Verluste gehören zu den schwersten, die Menschen im Leben erfahren.

Das alles änderte sich am 10. April 2016, als Gayle Anne Whitacre Tucker – über vierzig Jahre lang meine Ehefrau, beste Freundin und Kollegin – starb. Sie zu verlieren war anders als alles andere, das ich bis dahin erlebt hatte.

Mein Leben lag in Trümmern, doch Gayle zu verlieren hatte noch eine weitere unerwartete Auswirkung. Ihr Tod stellte alles infrage, das ich jemals in all den Jahrzehnten auf meinen Trauerbewältigungsseminaren weitergegeben hatte. Mit einem Mal war ich gezwungen, alles neu zu bewerten, was ich gelehrt hatte und was ich zu wissen glaubte.

Nachdem ich nun alle meine Lehren geprüft habe, kann ich absolut überzeugt sagen, dass die veröffentlichte Literatur und die langjährige Forschung tatsächlich verlässlich sind. Auch wenn jede Person und jede Verlusterfahrung anders ist, treffen die in der Literatur genannten Prinzipien zu und können von unschätzbarem Wert sein.

Ich bin so gut es ging meinen eigenen Ratschlägen gefolgt und finde, dass das Vertrauen angemessen ist, das ich bisher in sie setzte. Die Dinge, die ich lehrte, sind wahr, die Methoden, mit dem Verlust umzugehen, sind hilfreich, die Denkweisen sind glaubwürdig und eine Neuorientierung ist tatsächlich möglich.

Es ist mein Ziel, etwas von dem, was ich lehrte und erlebte, zu teilen. Zusätzlich zu dem, was ich unterrichtete, gewann ich einige neue Einsichten, die ebenfalls hilfreich waren. Es ist mein aufrichtiger Wunsch, dass der Inhalt dieses Buches wertvoll für dich ist, wenn du auf deiner eigenen Reise durch die Verluste des Lebens unterwegs bist.

Zum Schluss hoffe ich, dass dieses Buch auch als ein kleines Andenken für Gayle gilt. Ihr Leben hatte durch ihre Seminare, Fernsehsendungen und ihre langjährige Tätigkeit als Pastorin und Lehrerin einen positiven Einfluss auf Millionen von Menschen. Ich wünsche mir, dass dieses Buch irgendwie dazu beiträgt, Gayles Dienst für ihre Mitmenschen in den kommenden Jahren weiterzuführen.

Besonderer Dank gilt Jennifer LaMountain, Casey Tom Baker, Pam Tucker und Vicki Tucker für ihre Ermutigung, ihre redaktionelle Unterstützung, für Inspiration und Vorschläge, die dazu beigetragen haben, dieses Buch zu verbessern. Die Zeit und das Talent, das ihr in dieses Projekt investiert habt, blieben nicht unbemerkt. Ich danke euch dafür, dass ihr dabei geholfen habt, dieses Buch Realität werden zu lassen.

Einleitung

Dieses Buch ist das Tagebuch der Verlusterfahrung eines Mannes. Es erhebt keinerlei Anspruch darauf, das A und O aller Trauerbücher zu sein. Meine Erfahrung kann sich von deiner sehr stark unterscheiden und auch mein Weg der Trauerbewältigung muss nicht genauso aussehen. Dennoch wird es zwangsläufig Ähnlichkeiten geben. Es sind diese Gemeinsamkeiten, in denen du die größte Hilfe für den Umgang mit deinem eigenen Verlust erfährst.

In diesem Buch sind die persönliche Geschichte über meinen Verlust und Auszüge aus Blogartikeln von meinem Trauerweg enthalten sowie Artikel aus verschiedenen Publikationen, die entweder von mir selbst oder von anderen über meinen Verlust geschrieben wurden. Sachliche Informationen, Anregungen für Übungen und Geschichten sollen darin unterstützen, den Bewältigungsprozess in Gang zu bringen.

Tod ist nicht der einzige bedeutende Verlust im Leben. Weitere Verluste können bei sexuellen Übergriffen, bei einer Brustentfernung, bei Amputation, beim Verlust des Arbeitsplatzes und in vielen weiteren Fällen auftreten. Obwohl sich dieses Buch hauptsächlich auf den Verlust durch Tod bezieht, gelten die genannten Prinzipien auch für andere Verlusterfahrungen. Die vorgeschlagenen Übungen können abgewandelt werden, sodass sie in verschiedene Verlustsituationen passen.

Es ist mein inniger Wunsch, dass dieses Buch dir inmitten deiner Trauer hilft. Wenn es nicht mehr bewirkt, als dich dazu zu ermutigen, einen Fuß vor den anderen zu setzten, dann will ich dies als Erfolg werten.

Gott segne dich, während du lernst, ohne deine(n) geliebten Menschen zu leben. Mögest du Mut für den schwierigsten Weg des Lebens finden.

Teil 1

Verlust

Was sind die Verluste unseres Lebens? Welche Auswirkungen haben sie auf uns, körperlich, mental, emotional und geistlich? Gibt es einen vernünftigen Weg, mit unseren Verlusten umzugehen? Wenn ja, welcher Weg ist das?

Auch wenn keine magische Pille gegen die Trauer existiert, glaube ich, dass es Dinge gibt, die du erlernen kannst, die dir auf deinem eigenen Weg zur Neuorientierung helfen werden. Starte mit mir gemeinsam in den Prozess, den Verlust zu analysieren, seine Auswirkungen auf uns zu verstehen und einen besseren Umgang damit zu finden.

1

Verlusterfahrungen

Niemand ist vor Verlust gefeit. Verlust begegnet uns im Tod eines Haustiers, eines Freundes oder Verwandten; durch eine Scheidung oder das Ende einer Beziehung; durch den Wegzug eines Freundes oder den Auszug eines Kindes; im Scheitern, ein Ziel zu erreichen, einen Traum zu verwirklichen, eine Arbeitsstelle zu bekommen oder sie zu behalten; in der Entfernung eines Körperteils durch Amputation und in vielen anderen Dingen. Während diese Verluste sehr stark in ihrer Heftigkeit variieren können, verlangt jeder einzelne nach einer gewissen Erfahrung im Umgang mit Trauer.

Trauer kann als Prozess der psychologischen, sozialen und spirituellen Reaktion auf Verlust beschrieben werden. Sie beinhaltet intensives emotionales Leid, akuten Schmerz und tiefe Traurigkeit. Der Trauernde erinnert sich an den Verstorbenen und dies ruft unangenehme, beängstigende Gefühle und tiefe Traurigkeit hervor. Kennzeichen der Trauer beinhalten Folgendes, sind aber nicht darauf beschränkt:

- Engegefühl in der Brust oder Kloß im Hals
- Leeres Gefühl im Magen oft in Verbindung mit Appetitlosigkeit
- Schuldgefühle oder Wut
- Ruhelosigkeit
- Konzentrationsschwäche

- Lustlosigkeit an Aktivitäten, die man früher gerne gemacht hat
- Verlust des Kurzzeitgedächtnisses
- Gefühl, der Verlust sei nicht real oder in Wahrheit gar nicht passiert
- Verspüren der Anwesenheit des geliebten Menschen; Erwarten, dass die Person zur gewohnten Zeit zur Tür hereinkommt
- Stimme des geliebten Menschen hören oder sein Gesicht sehen
- Schlafstörungen
- Ausgeprägte Beschäftigung mit dem Verstorbenen
- Intensive Gefühle der Wut gegenüber dem geliebten Menschen, weil er gegangen ist
- Bedürfnis, immer und immer wieder über den geliebten Menschen zu sprechen
- Häufige Stimmungsschwankungen
- Weinen in unerwarteten Momenten

Als ob das nicht genug wäre, haben Menschen, die trauern, auch ein geschwächtes Immunsystem, sie sind einem höheren Risiko für Infektionen und Krankheiten ausgesetzt und sehen sich sogar einer höheren Wahrscheinlichkeit eines plötzlichen Todes gegenüber. Ihre Energiereserven sind erschöpft und sie werden emotional und körperlich schlechter mit den täglichen Herausforderungen fertig, die das Leben mit sich bringt. Alles, egal wie unscheinbar es sein mag, wirkt überwältigend. Dinge, die normalerweise ganz einfach sind, fallen einem mit einem Mal sehr schwer.

Die intensivsten Symptome dauern häufig zwischen sechs Monaten und zwei Jahren an. Üblicherweise berichten Betroffene, dass die intensivsten Symptome nach etwa sechs bis neun Monaten nachlassen und dann am ersten Jahrestag des Verlustes wieder stark zunehmen. Im Anschluss an den ersten Jahrestag lassen sie wieder nach. Doch es ist ebenso möglich, vier bis fünf Jahre lang aktiv zu trauern, ohne übertriebene Trauer zu empfinden. Die Faustregel besagt, *je früher und intensiver man trauert, desto schneller geht es einem wieder besser.*

Dieser Satz gehört wahrscheinlich zu den wichtigsten Dingen, die ich in diesem Buch sagen kann. Intensives, frühes Trauern war ein hilfreiches Konzept für meine eigene Trauererfahrung. Auch wenn mein Trauerweg ganz anders sein mag als der, den du gehen wirst, glaube ich fest daran, dass das Konzept des frühen, intensiven Trauerns einer der wirkungsvollsten Ansätze ist, die ich dir mitteilen kann.

Andererseits, je länger du das Trauern verzögerst, desto länger dauert der Prozess der Trauerbewältigung und desto schwieriger wird er. Du kannst die Trauer für eine gewisse Zeit ignorieren, aber letztendlich wird sie dich doch einholen und einen sehr hohen Preis dafür einfordern. Frühes, intensives Trauern ist eine viel bessere Herangehensweise an jeden Verlust.

Ich begegnete einmal einem Mann, dessen Frau unerwartet verstorben war. Der Mann entschied sich, das Trauern zu vermeiden, indem er sieben Tagen die Woche irrsinnig lange arbeitete. Er tat dies über zehn Jahre! Dann traf er eine Frau, verliebte sich (wann er die Zeit dazu gefunden hatte, werde ich nie erfahren) und bat sie, ihn zu heiraten. Als die beiden begannen, sich auf den großen Tag vorzubereiten, erinnerte ihn dies an seine erste Hochzeit. Diese Erinnerungen schienen eine Flut von Emotionen freizusetzen. Diese Gefühle, die lange unterdrückt worden waren, wurden nun so intensiv und überwältigend, dass der Mann ins Krankenhaus eingewiesen wurde. Seine Hochzeit musste verschoben werden, während er endlich den Verlust seiner Ehefrau betrauerte.

Es führt kein Weg an der Trauer vorbei. Der Verlust erfordert es. Du kannst vor der Trauer nicht davonlaufen, sie mit Medikamenten behandeln, sie ignorieren, schneller als sie arbeiten, sie in Alkohol ertränken, sie wegrationalisieren oder vergeistigen. Du musst durch sie hindurchgehen. Selbst wenn du versuchst, die Trauer zu ignorieren, wird sie dich früher oder später einholen.

Und wenn dies geschieht, wird es länger dauern und ein schwierigerer Prozess sein, als er es gewesen wäre, wenn du früh und intensiv getrauert hättest.

Jeder Verlust verlangt nach einem Erleben der Trauer. Das ist unvermeidlich. Manche Verlusterfahrungen mögen leicht und von kurzer Dauer sein, während andere dazu führen können, dass man für eine bestimmte Zeit eine tiefe Trauer empfindet.

In gewisser Weise erholt man sich nie vollständig von einem Verlust. Selbst wenn die Symptome nachlassen oder völlig verschwinden, wirst du nie wirklich über den Verlust hinwegkommen. Er wird dich für immer verändern und es wird immer wieder Zeiten geben, in denen du traurig bist und weinst, für den Rest deines Lebens.

Meine Schwester und mein Schwager verloren früh in ihrer Ehe ein Baby. Das Baby starb gegen Ende der Schwangerschaft. Während meine Schwester den Verlust betrauerte, tat mein Schwager dies nicht. Über fünfundzwanzig Jahre später, als er bei der Beerdigung eines Freundes in der Kapelle saß, fing er unkontrolliert an zu weinen. Als er seinen Tränen freien Lauf ließ, erkannte er, dass er um das Baby weinte, das sie so viele Jahre zuvor verloren hatten; ein Verlust, den er nie wirklich verarbeitet hatte.

Meine Schwester berichtet, dass sie in den fünf Jahren nach dem Verlust ihres Babys immer wieder scheinbar grundlos in Tränen ausbrach. Während sie gerade an einer Ampel wartete oder Lebensmittel einkaufte, überkam sie der Schmerz. Es ist dreißig Jahre her, dass sie dieses Baby verloren hat, aber von Zeit zu Zeit verspürt sie immer noch das Bedürfnis, um das Baby zu weinen.

So schwierig der Prozess der Trauerbewältigung auch sein mag, *es ist möglich, mit dem Schmerz auf solch eine Art und Weise umzugehen, dass du schließlich wieder Freude und einen neuen Sinn im Leben findest.* Doch das passiert nur, wenn du dich der mühevollen Trauerarbeit stellst.

Trauerarbeit

Was ist Trauerarbeit? Vier Tätigkeiten kommen mir dabei in den Sinn: denken, schreiben, reden und weinen. Diese vier Tätigkeiten sind für den Prozess entscheidend. Schauen wir uns jede Tätigkeit einzeln an.

Denken: Mach eine Erinnerungsreise durch das Haus oder andere Bereiche, die dich an die Person erinnern, die du verloren hast. Für die Hinterbliebenen ist das Erinnern ein heiliger Akt! Spiel gemeinsame Erlebnisse im Geist noch einmal durch. Denk die Gedanken zu Ende, wenn sie kommen, egal ob sie angenehm oder schmerzhaft sind. Zu denken und sich zu erinnern, ist von entscheidender Bedeutung.

Schreiben: Führe ein Tagebuch oder verwende ein Notizbuch. Blogartikel zu schreiben, kann ebenfalls sehr wertvoll sein. Schreibe über deine Gefühle. Wenn du nicht gerne schreibst, mach eine Ton- oder Videoaufnahme. Egal ob du schreibst oder eine Aufnahme machst, erzähle die Geschichte des Lebens des Verstorbenen und – noch wichtiger – erzähle die Geschichte eures gemeinsamen Lebens. Wie war die erste Begegnung? Wie waren die ersten Jahre? Wie hat sich die Beziehung im Laufe der Jahre verändert? Welche bedeutsamen, romantischen oder sogar lustigen Begebenheiten sind dir wichtig?

Für Verluste, die nicht mit dem Tod eines geliebten Menschen einhergehen, ist es dennoch wichtig, über die Bedeutung dessen zu schreiben, was verloren wurde. Zum Beispiel ist es für Frauen hilfreich, über die Auswirkungen einer Brustamputation zu schreiben. Das beinhaltet Gefühle von Schönheit und Weiblichkeit sowie Muttergefühle. Der Verlust eines Arbeitsplatzes kann viel weitreichender sein als die erwarteten finanziellen und beruflichen Konsequenzen – für Männer und Frauen. Die Auswirkungen, die dieser Verlust auf das Selbstwertgefühl hat, sind enorm. Über diese Dinge zu schreiben, kann sehr wertvoll sein.

Reden: Rede mit guten Freunden, Beratern oder auch mit einer Selbsthilfegruppe. Kleinigkeiten sollten wieder und wieder erzählt werden, aber vor allem musst du dabei deine Gefühle zum Ausdruck bringen. Sprich über den unmittelbaren Verlust. Geh die gesamte Beziehung zu dem geliebten Menschen durch. Formuliere deine tiefsten Gefühle. Erzähle deine Geschichte, auch wenn es keine fröhliche Geschichte ist. Sogar der Verlust einer zerrütteten Beziehung muss betrauert werden. Es ist genauso wichtig, diese Geschichten zu erzählen, wie die gesunder Beziehungen.

Weinen: Halte deine Tränen nicht zurück. Tränen sind reinigend, also genieß die therapeutische Wirkung!

Aus diesen vier Tätigkeiten setzt sich die Trauerarbeit im Wesentlichen zusammen. Andere mögen noch körperliche Aktivität, einen geregelten (nicht zu hektischen) Tagesablauf, die Teilnahme an einer Selbsthilfegruppe, Gebet und anderes hinzufügen. Aber die Tätigkeiten, die du unbedingt umsetzen solltest, um deine Trauer zu bewältigen, sind Denken, Schreiben, Reden und Weinen.

Auf meinem eigenen Trauerweg entdeckte ich zusätzlich zu den oben genannten zwei weitere sehr hilfreiche Tätigkeiten. Gebet und regelmäßige, moderate körperliche Anstrengung erwiesen sich für mich als unschätzbar wertvoll. Als körperliche Aktivität wählte ich einfach das Gehen. Weil Trauer es einem fast unmöglich macht, sich für einen längeren Zeitraum auf etwas zu konzentrieren, beschloss ich in Bezug auf das Gebet, dem Rat von Dwight Moody zu folgen, der sagte: Bete häufig, kurz und intensiv. Ich bemühte mich, diesen Rat umzusetzen.

Diese beiden Elemente den vier klassischen Tätigkeiten der Trauerarbeit hinzuzufügen, war sehr hilfreich für meine Neuorientierung und so empfehle ich sie dir ebenfalls.

Erwarte nicht, dass der Trauerweg kurz ist. Sei gnädig zu dir selbst und fixiere dich nicht auf Erwartungen oder Zeitpläne, die andere dir möglicherweise auferlegen. Dies ist dein Weg, den du auf deine Art gehst – nach deinem Zeitplan. Obwohl es auch wichtig ist, den Experten auf diesem Gebiet Gehör zu schenken, rate ich dir, den Prozess auf deine Art und Weise anzugehen, solange sich deine Erfahrung im „normalen“ Rahmen für gesundes Trauern bewegt.

Versuch vor allem, jeden Tag ein bisschen Trauerarbeit zu leisten. Denke, schreibe, rede und weine täglich. Zweifellos wirst du an einigen Tagen Rückschritte machen. Das ist zu erwarten und ganz normal. Verlier aber nicht die Geduld mit dir selbst oder gar mit dem Prozess! Du wirst es überstehen, aber es kann eine Weile dauern.

Warum trauern?

Trauer hat tatsächlich einen Zweck. Wir trauern, um ein Ziel zu erreichen. Das Ziel ist eine Neuorientierung.

Trauer dient dem Gedenken an die Person, die wir verloren haben. *Wir trauern intensiv, weil wir intensiv geliebt haben.* Die Intensität der Trauer (nicht unbedingt deren Länge) steht in direktem Zusammenhang mit der Tiefe der Zuneigung, die wir für den Verstorbenen empfunden haben. Aber es passiert leicht, sich so sehr mit dem Andenken zu beschäftigen, dass wir das Ziel aus den Augen verlieren.

Wenn ich an Trauer denke, dann habe ich ein Fahrzeug vor Augen, das uns von Punkt A nach Punkt B bringt. Es ist zugegebenermaßen ein eher armseliges Gefährt. Es ist eine alte, rostige Karre. Diese Dreckschleuder hat knapp fünfhunderttausend Kilometer runter, ist ein Spritfresser und Ölverheizer, benötigt dringend Reparaturen an der Karosserie und ein oder zwei Reifen verlieren regelmäßig Luft. Die Trauerkarre fährt nicht schneller als fünfzig km/h – und das an guten Tagen. Aber sie ist die einzige Mitfahrgelegenheit, die wir haben. Trauer ist das Vehikel, das uns vom Punkt des Verlustes, den ich als „Desorientierung“ bezeichne, zum Punkt der „Neuorientierung“ und hoffentlich auch zur „Neuwerdung“ bringen wird.

Trauer ist das emotionale Leid, das wir erfahren, wenn jemand, den wir lieben, von uns genommen wird. Sie beinhaltet auch physische, kognitive, soziale, kulturelle, religiöse, philosophische und Verhaltensdimensionen. Sie beinhaltet Erinnerungen, Erzählungen, Sehnsucht, Weinen, tiefen Schmerz und irgendwann die Ausrichtung auf ein Leben ohne den geliebten Menschen. So schmerzhaft es auch sein kann, an ein Leben ohne unseren geliebten Menschen zu denken, ist es dennoch das Ziel der Trauer – das, worauf wir uns die ganze Zeit über hinbewegen.

Mein eigener Trauerprozess war schwierig, tiefgehend und wohl auch ausgiebig. Ich habe jede Erinnerung angefasst, die mir in den Sinn kam, ob glücklich oder traurig, und ich war beim Bewältigen aller Tätigkeiten und Zielsetzungen der Trauer so konsequent, wie ich nur konnte. Jetzt ist es Zeit, auf das endgültige Ziel zuzugehen. Es ist schließlich Zeit, mein Leben ohne Gayle zu beginnen.

Ich wäre lieber mit Gayle alt geworden; eines Tages, wenn ich fünfundneunzig und sie zweiundneunzig gewesen wäre, wären wir abends eingeschlafen und keiner von uns wäre am nächsten Morgen aufgewacht. Du magst über diese Fantasie lachen, aber mir wäre es lieber gewesen, es wäre genau so passiert. Doch diese Wahl wurde mir nicht gewährt.

Da ich ein wenig jünger bin als fünfundneunzig (keine Witze bitte!), muss ich davon ausgehen, dass ich noch eine gewisse Zeit zu leben habe, wenn Gott es erlaubt. *Trauer, so hässlich sie auch sein mag, ist das einzige Vehikel, das fähig ist, mich von der Tragödie meines Verlustes zur Realität meiner Zukunft zu transportieren. Ich hoffe, dass die Zukunft Glaube, Dienen, Familie, Hoffnung, Liebe und Freude mit einschließt.* Das Leben ist zu kurz und zu wertvoll, um es nicht nach bestem Wissen und Gewissen voll und ganz zu genießen. Ich wünsche mir dieses Leben! Meine Trauer ermöglicht es mir, irgendwann wieder ein überreiches Leben zu führen. Das Gleiche gilt auch für dich!

Fragen & Impulse

1. Welche Symptome hast du? Was fühlst du? Kannst du schlafen? Essen? Weinen? Lässt du dich leicht ablenken und neigst zum Vergesslichsein? Schreibe deine heutigen Symptome auf und hebe die Liste als Vergleich für später auf.

2. Fang an, etwas über deinen Verlust zu schreiben. Vielleicht magst du mit deinen Symptomen und Gefühlen beginnen, so wie sie jetzt sind. Eine weitere Möglichkeit wäre, mit deiner gemeinsamen Geschichte und dem Leben mit dem Verstorbenen anzufangen. Setze gleich am Anfang an. Es muss kein literarisches Kunstwerk sein. Lass den Worten freien Lauf und sei gespannt, was passiert.

3. Erstelle eine Liste von Personen, mit denen du reden könntest. Am besten ist es, wenn du mehrere Ansprechpartner hast, sodass du niemanden überstrapazierst. Wenn jemand fragt, was du brauchst, sag einfach, du brauchst jemanden, der zuhört, ohne das Gesagte zu beurteilen, zu bewerten oder eine Lösung zu suchen; einfach zuhören und falls nötig Taschentücher reichen.

2

Antizipierte Trauer und das Lazarus-Phänomen

Die meisten Menschen glauben, ein plötzlicher, unerwarteter Tod sei am schwersten zu verarbeiten. Eine langwierige, schwere Krankheit stellt allerdings eine ganze Reihe eigener Herausforderungen dar.

Larry musste mit ansehen, wie seine Frau drei Jahre lang gegen Knochenkrebs kämpfte. Während der letzten Wochen ihres Lebens erlitt Ruth unsagbare Erniedrigungen und Schmerzen. Es war ein langer, grauenvoller Prozess, den Larry und Ruth durchlaufen mussten. Als der Tod schließlich näher rückte, sah das Paar dies als willkommene Erleichterung.

In diesen schrecklichen Monaten erlebte Larry etwas, mit dem er nicht gerechnet hatte. Er sah sich selbst um seine Frau trauern, während sie noch lebte. Zunächst fühlte er sich schuldig, als ob diese Erfahrung der verfrühten Trauer signalisieren würde, dass er nur allzu willig war, aufzugeben und dem Leid seiner Frau ein Ende zu bereiten. So beichtete er es mir.

Ich teilte Larry mit, dass es eine Bezeichnung für das gab, was er erlebte. „Antizipierte Trauer", wie sie genannt wird, kommt gewöhnlich in Fällen von langer Krankheit vor und kann gesund sein.

Antizipierte Trauer gibt Familienangehörigen die Möglichkeit, sich das Unvorstellbare, das Leben ohne ihren geliebten Menschen, vorzustellen. Dieser Prozess kann sie in den Veränderungen unterstützen, die nötig werden, sobald der Tod tatsächlich eintritt.

Antizipierte Trauer bietet Familienmitgliedern auch eine Möglichkeit, sich an ihre Geschichte mit dem geliebten Menschen zu erinnern. Erinnerungen können fröhlich, glücklich, traurig, angenehm oder unangenehm sein. Alle diese Dinge zu verarbeiten, kann dazu beitragen, der Beziehung die richtige Perspektive zu verleihen, indem ein Sinn für das Leben ihres geliebten Menschen aufgezeigt wird. Familienangehörigen wird auch die Gelegenheit geboten, Dinge zu sagen wie „Es tut mir leid", „Ich vergebe dir" oder „Ich werde dich vermissen". Abschied zu nehmen, ist immer schwer, aber die Gelegenheit dafür zu nutzen, bevor der geliebte Mensch stirbt, kann für alle Beteiligten hilfreich sein.

Diejenigen, die sich mit antizipierter Trauer beschäftigen, können daraus einen Vorteil für ihre Trauererfahrung ziehen, wenn der Verlust endgültig eintritt. Für einige wenige kann sich die benötigte Zeit der Trauer verkürzen. Die meisten finden, dass zumindest einige der Höhen und Tiefen des Trauerns weniger dramatisch sind und die Umstellungen etwas leichter fallen.

Meine Familie durfte sich kurze Zeit mit antizipierter Trauer beschäftigen, nachdem wir Gayles Diagnose Bauchspeicheldrüsenkrebs im Endstadium erhalten hatten. Dass dies quasi ein Todesurteil ist, wussten wir. Gayle erfuhr es nur vierundzwanzig Tage vor ihrem Tod. Während dieser dreieinhalb Wochen waren wir alle dazu gezwungen, uns ein Leben ohne Gayle vorzustellen.

Ein weiteres Phänomen tritt häufig bei langer Krankheit auf. Manchmal liegt der Patient im Sterben, nur um sich plötzlich und ohne Erklärung wieder zu erholen. Ärzte und Pflegepersonal erzählen den Angehörigen, der Tod stehe unmittelbar bevor, und die Familie versammelt sich um das Krankenbett – und dann setzt sich der geliebte Mensch am nächsten Morgen auf und frühstückt!

Diese Achterbahnfahrt der Gefühle wird „Lazarus-Phänomen" genannt. Ursprünglich wurde dieser Begriff bei Patienten verwendet, die nicht auf Reanimationsmaßnahmen reagierten, aber plötzlich ins Leben zurückkehrten; mittlerweile wird er auch bei unheilbar kranken Patienten benutzt, bei denen es wiederholt so scheint, als würde sich ihr Zustand verschlechtern, und die sich dann doch erholen, bevor sie am Ende den Folgen ihrer Krankheit erliegen. Familienangehörige, die dieses Phänomen beobachten, befinden sich emotional auf einer Berg- und Talfahrt. In dem einen Augenblick bereiten sie ihre Herzen auf den bevorstehenden Tod ihres geliebten Menschen vor, nur um sich kurz darauf in einem Gespräch mit dieser Person wiederzufinden, von der sie dachten, sie sei von ihnen gegangen. Passiert das öfter, ist die emotionale Belastung für Familienangehörige enorm.

Wenn der Tod eintritt, entweder nach einer langfristigen Erkrankung oder nach dem Erleben des Lazarus-Phänomens, könnte die unmittelbare Reaktion der Hinterbliebenen ein kollektiver Seufzer der Erleichterung sein. Sie mögen eventuell glauben, ihnen sei die typische Trauererfahrung erspart geblieben, während die Erleichterung in Wirklichkeit nur von kurzer Dauer ist. Die üblichen Symptome der Trauer wurden nur kurz hinausgezögert.

Wenn deine Erfahrung antizipierte Trauer, das Lazarus-Phänomen oder beides einschließt, mach dir klar, dass solche Erscheinungen nicht ungewöhnlich sind. Wenn du dich wegen der Erwartung deines Verlustes oder auch wegen deines Seufzers der Erleichterung schuldigt fühlst, den du vielleicht gleich nach dem Tod des geliebten Menschen ausgestoßen hast, sei dir bitte darüber im Klaren, dass solche Schuldgefühle unnötig und überflüssig sind. Erschwere deine Trauer dadurch nicht noch zusätzlich. Trauern ist schon kompliziert genug!

Fragen & Impulse

1. War antizipierte Trauer Teil deiner Erfahrung? Wenn ja, glaubst du, dass sie für deine langfristige Heilung hilfreich war? Warum oder warum nicht?

2. Hast du das Lazarus-Phänomen erlebt? Wie schwierig war diese Erfahrung für dich und deine Familie? Warst du beim Tod deines geliebten Menschen unmittelbar erleichtert? Wenn ja, fühltest du dich deshalb schuldig?

3

Meine Verlusterfahrung

Schon kurz nachdem meine Frau gestorben war, begann ich Blogartikel zu schreiben, die ich auf Facebook teilte. Diese Artikel hatten für mich therapeutische Wirkung; sehr zu meiner Verwunderung waren sie jedoch auch eine große Hilfe für diejenigen, die alle diese Artikel lasen. Ich werde einen Teil der Geschichte meiner Trauererfahrung erzählen, indem ich einige dieser Blogartikel gemeinsam mit anderen Artikeln wiedergebe, die über den Tod meiner Frau, Gayle Tucker, geschrieben wurden.

Gayle und ich heirateten am 28. Dezember 1975 in Tulsa, Oklahoma. Wir lernten uns auf dem College kennen und schon früh in unserer Beziehung wusste ich, dass ich Gayle einmal heiraten würde. Sie schien dasselbe Gefühl zu haben. Die Beziehung entwickelte sich schnell. Wir sprachen übers Heiraten, nachdem wir nur etwa zwei Monate miteinander ausgegangen waren! Wir wussten einfach, dass wir füreinander geschaffen waren.

In den vierzig Jahren unserer Ehe gründeten Gayle und ich eine Familie mit zwei Töchtern und waren beide im missionarischen Dienst tätig. Wir wurden damit gesegnet, dass wir beide Seite an Seite im pastoralen Dienst sowie im christlichen Fernsehen bei *Faith for Today* arbeiten konnten. Wir moderierten gemeinsam die preisgekrönte Fernsehsendung *Lifestyle Magazine* und arbeiteten zusammen an einer wiederkehrenden Programmserie namens *Mad About Marriage*. Aus den Eheprogrammen heraus entwickelte sich ein Seminar mit demselben Titel. Während der letzten sechs Jahre ihres Lebens bereisten Gayle und ich die Welt, während wir hunderteinundzwanzig *Mad About Marriage*-Seminare leiteten.

Unsere Ehe war eine einfache. Auch wenn wir sicherlich unsere Anpassungsschwierigkeiten und Meinungsverschiedenheiten hatten, gab es im Großen und Ganzen sehr wenig Drama und sehr wenige Beziehungsprobleme. Wir waren offensichtlich gut ausgestattet für ein gemeinsames Leben.

Während der letzten fünfundzwanzig Jahre ihres Lebens waren wir fast ständig zusammen. Wir arbeiteten, spielten, lernten, schrieben Bücher, schmiedeten Pläne und leiteten Seminare zusammen. Ungefähr neunzig Prozent meiner Reisen unternahm ich mit Gayle. Unsere Leben waren eng miteinander verflochten.

Doch dann veränderte sich alles. Hier folgt ein Artikel, den ich auf Facebook gepostet habe und der die Ereignisse kurz zusammenfasst, die zu Gayles Tod führten.

> Am Donnerstag, dem 3. März 2016, wurde Gayles rechte Hand taub. Sie konnte sie nicht mehr richtig bewegen. Es irritierte sie, doch im Verlauf des Tages normalisierte sich der Zustand wieder, deshalb nahm sie an, dass sie nachts falsch auf der Hand gelegen habe.
>
> Am Freitag, dem 4. März, flogen wir nach Vancouver, British Columbia. An diesem Morgen war die Hand wieder taub. Ich musste das Gepäck fast allein tragen, denn sie konnte ihre Hand nicht richtig benutzen, aber wir nahmen an, dass es wieder besser werden würde, genauso wie am Tag zuvor. Doch am Abend, als wir mit den Pastoren vor Ort zu Abend aßen und sich die Hand immer noch nicht gebessert hatte, schlug ich vor, in ein Krankenhaus zu gehen. Gayle sagte, sie wolle warten, bis wir wieder zurück in Dallas seien. Ich blieb an diesem Abend dicht bei ihr, um ihr zu helfen, das zu kaschieren, was wir für eine vorübergehende Behinderung hielten. Nach dem Essen sprachen wir zu den Pastoren; Gayle hielt das Mikrofon in der linken Hand, weil die rechte nicht zu gebrauchen war.

Am Samstag, dem 5. März, predigte ich im Gottesdienst, während Gayle in der Versammlung saß. Sie fühlte sich nicht gut. Ihre Hand funktionierte immer noch nicht richtig. Nach dem Gottesdienst nahmen wir die Lunchpakete, die die Frauen der Gemeinde für uns vorbereitet hatten, und fuhren zu einer gemieteten Halle, wo wir unser Eheseminar halten sollten. Gayle fühlte sich immer noch nicht gut. Das war ungewöhnlich für sie, denn nach über vierzig Jahren Ehe konnte ich die Tage, die sie krank gewesen war, an einer Hand abzählen.

Gayle blieb im Auto, während ich mit den Mitarbeitern und Freiwilligen vor Ort in der Halle sprach. Als der Computer aufgebaut war, die Fernbedienung richtig funktionierte und der Soundcheck abgeschlossen war, ging ich zum Wagen, um Gayle zu holen. Sie konnte ihre Hand nicht benutzen, aber sie strahlte wie immer, als wir gemeinsam die Halle betraten.

An diesem Tag hielten wir dreieinhalb Stunden lang Präsentationen. Gayle trug High Heels, traumhaft schön, das Mikrofon immer in der linken Hand haltend. Ihre Präsentation war an diesen Tag ein klein wenig schlechter als sonst, aber ich war der Einzige, der das bemerkte, denn dies war unsere einhunderteinundzwanzigste gemeinsame Präsentation dieses Seminars. Nach dem Seminar ruhte sich Gayle hinter der Bühne aus, während ich die Besucher begrüßte und unseren Computer und die anderen Sachen einsammelte. Wieder weigerte sie sich ins Krankenhaus zu gehen, bevor wir zurück in Dallas waren.

Am Sonntag, dem 6. März, flogen wir direkt von Vancouver nach Dallas. Nach der Landung sagte ich zu Gayle: „In welches Krankenhaus soll ich dich bringen? Wir gehen nicht nach Hause!“ Sie nannte mir das Krankenhaus, in das sie wollte, ich holte das Gepäck ab und wir fuhren dorthin.

Als ich der Krankenschwester ihre Symptome beschrieb, wurden wir vor allen anderen durchgelassen und Gayle eilte schnell zu einer Computertomografie. Die erste Diagnose lautete Schlaganfall. Zehn Tage und zwei Krankenhausaufenthalte später wurde diese Diagnose in Bauchspeicheldrüsenkrebs im Endstadium, der bereits in die Leber gestreut hatte, geändert. Dieser Krebs kann einen Zustand hervorrufen, der in Laiensprache „klebriges Blut“ genannt wird, welcher einen Blutklumpen in Gayles Oberschenkel zu Folge hatte. Als Klümpchen davon abbrachen, wanderten sie ins Gehirn und verursachten dort Schlaganfälle.

Schließlich brachten wir Gayle nach Hause, damit sie ihre letzten Tage mit der Familie und so vielen Freunden, wie sie vertragen konnte, verbringen konnte. Sie war in diesen Tagen so liebevoll, freundlich, gütig und tapfer wie immer. Ich schätzte jeden einzelnen von ihnen.

Schließlich war der Krankheitsprozess beendet und Gayle schlief ein. Doch die Zeit, die wir mit ihr zu Hause hatten, war unsagbar wertvoll. Mich an diese Tage zu erinnern, ist gleichzeitig schmerzhaft und freudig. Zuzusehen, wie sie stirbt, war schwer, aber zu erleben, wie sie Gott, die Familie, Freunde und mich liebte, war unbezahlbar.

Meine Töchter und ich waren nach Gayles Tod völlig am Boden zerstört. Gayle war der Leim, der uns alle zusammengehalten hatte. Sie war das Herzstück der Familie, meine wahre Liebe, meine Kollegin im missionarischen Dienst und meine Lebenspartnerin. Der Gedanke, ohne sie zu leben, war unerträglich.

Die ersten Wochen nach ihrem Tod waren auf eine Art schmerzhaft, die sich jeder Beschreibung entzieht. Mir fehlen die Worte, um zu beschreiben, wie es war. Ich konnte morgens kaum aufstehen, geschweige denn meine Arbeit weiter verrichten. Es schien, als endete mein Leben, als Gayle starb.

Gayle und ich standen in unserem Leben viel in der Öffentlichkeit. Wir waren Pastoren in einer sehr großen und weit bekannten Ortsgemeinde und wir leiteten einen missionarischen Dienst, dessen Fernsehprogramm wir gemeinsam moderierten; eine Sendung, die jede Woche von vier Millionen Zuschauern in den USA und von einer unbekannten Anzahl weltweit gesehen wurde. Das bedeutet, dass Gayles Krankheit und Tod ebenfalls sehr öffentlich waren.

Diese Aufmerksamkeit, die wir in dieser Zeit erhielten, war teilweise unangenehm und manchmal sogar schmerzhaft. Aber ich muss auch gestehen, dass die Aufmerksamkeit und die Auszeichnungen, die Gayle nach ihrem Tod erhielt, in der Tat eine heilende Wirkung auf mich hatten. Es war wichtig für mich, dass Gayles Lebenswerk und ihr aufopfernder Dienst für andere auf gewisse Weise anerkannt wurden. Gayle hätte dieses gesteigerte Interesse, das ihr zuteilwurde, nicht gemocht, doch dass Menschen über die wundervolle Frau schrieben, die Gayle gewesen war, bedeutete mir sehr viel.

Folgender Artikel erschien am 11. April 2016 in der Zeitschrift *Adventist Review*, einen Tag nachdem Gayle gestorben war.

Gayle Tucker, beliebte Eheberaterin auf *Faith For Today TV*, stirbt mit 60

Die berühmte adventistische Fernsehpersönlichkeit stirbt nach kurzem Kampf gegen Bauchspeicheldrüsenkrebs.

Gayle Tucker, eine der bekanntesten weiblichen Persönlichkeiten des adventistischen Fernsehens der Kirche und Pastorin, Autorin und Beraterin, der das Entzünden des Feuers in über tausend Ehen zugerechnet wird, starb weniger als einen Monat, nachdem sie erfahren hatte, dass sie Bauchspeicheldrüsenkrebs hat. Sie wurde sechzig Jahre alt.

Tucker, stellvertretende Leiterin des Fernsehsenders *Faith For Today* und Co-Moderatorin der bekannten Sendung *Lifestyle Magazine*, starb am Sonntag, dem 10. April, in ihrem Haus in Dallas, Texas.

„Es tut mir leid mitteilen zu müssen, dass Gayle Tucker an diesem Spätnachmittag verstorben ist“, schrieb Mike Tucker, ihr Ehemann, mit dem sie vierzig Jahre verheiratet gewesen war, und Sprecher und Leiter von *Faith For Today*, am Sonntagabend auf Facebook. „Sie starb friedlich im Kreis der Familie.“

Tucker nutzte soziale Medien, um den kurzen Kampf seiner Frau gegen den Krebs aufzuzeichnen und um zu verdeutlichen, dass ihr Glaube stark bleiben würde, egal was passiert.

Er veröffentlichte den Krebsbefund am 19. März.

„Vor zwei Wochen hatte Gayle den ersten Schlaganfall. Sie hatte null Schlaganfallrisikofaktoren und trotzdem hatte sie Schlaganfälle," schrieb er in dem Artikel auf Facebook. „Es dauerte fast eineinhalb Wochen voller MRTs, CTs und mehr, bevor sie es rausfanden. Gayle hat Bauchspeicheldrüsenkrebs, der in die Leber gestreut hat. Dieser Krebs kann Schlaganfälle auslösen.

Auch wenn die Medizin kein Heilmittel für diesen Zustand kennt, wir kennen den großen Arzt und vertrauen ihm", schrieb er. „Wir werden seinen Willen akzeptieren, wie auch immer er aussehen wird."

Ungefähr eine Woche später schrieb Tucker in einem Folgebericht, dass seine Frau besser schlief und wieder etwas zu Kräften gekommen war.

„Gayles Glaube ist stark, ihr Mut groß und ihre Hoffnung sicher", meinte er.

Mehrere Male dankte er Anteilnehmenden für ihre überwältigende Unterstützung in Form von Gebeten, Postkarten, Briefen, Facebook-Nachrichten und E-Mails.

„Wir lieben euch alle so sehr!", schrieb er am 29. März. „Gayle weint bei jeder neuen Geschichte oder Liebesbekundung, die sie erhält. Wir können ihr gar nicht alles erzählen, weil es sie zum Weinen bringt; ihre Liebe zu euch ist so groß."

Daniel R. Jackson, Präsident der Kirche der Siebenten-Tags-Adventisten in Nordamerika und seit zehn Jahren ein Freund der Tuckers, würdigte Gayle Tucker am Montag für ihren enormen Einfluss auf verheiratete Paare und für das Vorleben eines bemerkenswerten Einsatzes für den missionarischen Dienst.

„Gayle stand treu zu Gott, zu Mike, zu ihrer Familie und der Kirche, in dieser Reihenfolge", schrieb Jackson in einer Erklärung per E-Mail. „Sie war eine gutmütige, mündige Christin, die die Menschen leidenschaftlich gern wissen ließ, dass das Evangelium von Jesus im alltäglichen Leben und in alltäglichen Beziehungen umgesetzt werden kann und soll."

Er und andere wiesen darauf hin, dass Gayle Tucker eine warmherzige Persönlichkeit war, der es leichtfiel, sofort Freundschaften zu schließen.

„Am besten in Erinnerung geblieben ist mir der Moment mit Gayle, als ich sie und Mike das erste Mal traf", sagte er. „Es gab beinahe eine sofortige Verbindung zu ihr und Mike, die bis heute anhält."

Dasselbe galt für Elaine und Willie Oliver, die Leiter der Abteilung für Familiendienste der Weltkirchenleitung der Siebenten-Tags-Adventisten, die von 2000 bis 2010 zusammen mit den Tuckers Ehekonferenzen in ganz Nordamerika durchführten.

„Als wir auf unserer ersten eintägigen Ehekonferenz *From This Day Forward* gemeinsam Präsentationen hielten, kämpfte ich mit Nervosität und Lampenfieber", sagte Elaine Oliver. „Gayle nahm meine Hände und betete für mich – so erinnerte sie mich daran, dass Gott mir die Kraft und den Mut schenken würde, die ich benötigte. Ihre sanftmütige Stärke war so beruhigend und ermutigend."

Von der Lehrerin zur TV-Persönlichkeit

Gayle Ann Whitacre wurde am 26. August 1955 in Tulsa, Oklahoma, als Tochter von Jack und Ethel Whitacre, den Inhabern eines kleinen Glasgeschäfts, geboren.

Gayle, die Zweitälteste, besuchte bis zum College adventistische Schulen. Sie machte ihren Abschluss im Jahr 1976 am Southwestern Adventist College (heute Southwestern Adventist University) in Keene, Texas, mit einem Diplom für Grundschullehramt.

Sie lernte Mike Tucker am Southwestern College kennen und die beiden heirateten am 28. Dezember 1975 in Tulsa.

Nachdem sie einige Jahre unterrichtet hatte, schloss Tucker sich ihrem Mann als Vollzeitpastorin der Gemeinde der Siebenten-Tags-Adventisten in Arlington, Texas, mit zweitausend Mitgliedern an, wo Mike Tucker als Hauptpastor diente. Sie arbeitete in dieser Gemeinde sechzehn Jahre lang als Hilfspastorin und war für Verwaltung, Musik und Lobpreis verantwortlich. Ihr besonderer Fokus lag auf der Kinder- und Frauenarbeit. Sie war die erste, die eine segnende Beauftragung zur Pastorin des Southwestern-Verbands der Kirche der Siebenten-Tags-Adventisten erhielt, der Texas mit einschließt.

2004 übernahm Mike Tucker die Leitung von *Faith For Today*, dem ältesten religiösen Fernsehsender der Welt, und seine Frau schloss sich ihm und seinem Team an. 2007 wurde sie Co-Moderatorin des *Lifestyle Magazine* und 2009 stellvertretende Leiterin des Fernsehsenders.

„Ich glaube, Gayle Tucker war die bekannteste adventistische weibliche Fernsehpersönlichkeit in unserer Glaubensgemeinschaft", so Gordon Pifher, Präsident der Abteilung für adventistische Mediendienste der Nordamerikanischen Division und Vorsitzender des Exekutivausschusses von *Faith For Today*, in einer Erklärung. „Gayle hatte als Moderatorin und Co-Moderatorin der preisgekrönten Sendung *Lifestyle Magazine* Millionen von Fans und Followern. *Faith For Today* und das *Lifestyle Magazine*, das auf mehr als 150 Fernsehsendern weltweit übertragen wird, wird weiter ausgestrahlt werden", sagte Pifher. „Doch wir alle werden Gayle sehr vermissen."

William Fagal, dessen Eltern William A. und Virginia Fagal *Faith For Today* 1950 gründeten, erinnert sich an mehrere Gespräche mit Gayle Tucker, darunter eins am Stand von *Faith For Today* bei der Vollversammlung der Generalkonferenz im vergangenen Juli in San Antonio.

„Gayle strahlte voller Lebenslust und war voller Leidenschaft für Gottes Werk", sagte Fagal, der im letzten Jahr als stellvertretender Leiter des Ellen G. White Estate in den Ruhestand ging. „Ihr Verlust hinterlässt ein tiefes Loch, nicht nur im Leben derer, die sie gekannt und geliebt haben, sondern auch in den Reihen der Gemeinde Gottes."

Tucker nutzte ihren Hintergrund als Grundschullehrerin, um Familienbeziehungen zum Schwerpunkt ihres missionarischen Dienstes zu machen. Sie und ihr Ehemann schufen gemeinsam *Mad About Marriage*, ein Seminarprojekt, das eine Fernsehserie, Eheseminare und Studienpläne für Kleingruppen umfasst. Sie war Co-Autorin der Bücher *Mad About Marriage, Mantras for Marriage* und *Marriage Moments.*

Willie Oliver sagte, er werde sich noch lange daran erinnern, wie Gayle Tucker vor den Eheseminaren, die er und seine Ehefrau zehn Jahre lang gemeinsam mit den Tuckers durchführten, betete. Zu der Zeit leiteten Willie und Elaine Oliver die Abteilung für Familiendienste der Nordamerikanischen Division.

„Am besten ist mir in Erinnerung geblieben, wie wir Gayle zugehört haben, wenn sie gebetet hat, für unsere eigenen Familien und für die Paare, denen wir am darauffolgenden Tag dienen würden", sagte Willie Oliver. „Ihre Worte, ihr Tonfall, und der tiefe Glaube an Gott stärkten immer wieder mein Vertrauen in den Auftrag, den Gott uns gegeben hat, um ihn gemeinsam für seine Kinder zu erfüllen."

Vorbild einer gottesfürchtigen Frau

Der Trauergottesdienst für Gayle Tucker wird am 16. April um 15:00 Uhr in der Kirche der Siebenten-Tags-Adventisten in Arlington stattfinden.

Sie hinterlässt ihren Ehemann Mike, die zwei erwachsenen Töchter Allison Tucker und Michal Anne Whitcomb, Schwiegersohn Levi Whitcomb und zwei Enkelkinder. Ihr Vater war ihr im Tod vorausgegangen, deshalb hinterlässt sie ebenso ihre Mutter Ethel Whitacre, ihre Schwestern Joni Darmody und Julie Little, ihren Bruder Jackson Whitacre, ihren Adoptivbruder Jon Whitacre sowie zwei Nichten und sieben Neffen.

Freunde und Verwandte beschrieben Gayle Tucker als lebendiges Beispiel einer gottesfürchtigen Frau.

„Es gibt wenige Frauen, die für mich als rechtschaffen – als Ebenbild Christi – hervorstechen. Und zweifellos sah ich in Gayle diese innere Schönheit, als ich sie zum ersten Mal traf", sagte Jennifer LaMountain, Leiterin der Entwicklungsabteilung bei *Faith For Today*, Sängerin und Mitglied des erweiterten Familienkreises der Tuckers.

„Sie war damals Pastorin und ich sollte ein Konzert in ihrer Ortsgemeinde geben", sagte sie. „Wie erleichternd war es, Gayle zu treffen und zu sehen, dass sie alle Bedürfnisse, alle Situationen bereits bedacht und alles in der Hand hatte. ... Ruhig, freundlich und mühelos arrangierte sie alles, was nötig war, um eine Atmosphäre wahrer Anbetung zu schaffen."

Steve Darmody, Tuckers Schwager und seit über vierzig Jahren mit ihr befreundet, sagte, die Worte aus Micha 6,8 – „Gottes Wort halten und Liebe üben und demütig sein vor deinem Gott" (LB) – seien eine passende Beschreibung für das Leben seiner Schwägerin.

„Es gibt keine besseren Worte, um auszudrücken, wie Gayle Ann Whitacre Tucker ihr Leben führte", sagte Darmody, Gospelmusiker und Leiter der *Morning Song Music Group*. „Gayle erfüllte diesen biblischen Auftrag mit Geist, Herz, Sinn und Verstand."

Elaine Oliver sagte, ihr komme eine weitere Bibelstelle in den Sinn, wenn sie an Gayle Tucker denke.

„Sie ist der Inbegriff der Frau aus Sprüche 31. Sie war eine starke Frau des Glaubens, die ihren Ehemann verehrte, vernarrt in ihre Kinder und Enkelkinder und eine starke Beschützerin ihrer Familie", so Oliver. „Ich bin eine bessere Ehefrau, Mutter und Abteilungsleiterin aufgrund dessen, was ich von Gayle gelernt habe."

Gayle verbrachte ihr Leben im Dienst für andere. Ihre Liebe zu Jesus, Menschen, ihrer Familie und mir ist ein Teil dessen, was sie so besonders machte. Obwohl nichts den Wert ersetzen kann, den sie in mein Leben brachte, war die Erkenntnis, dass ihr Leben wirklich von Wert war, besonders bedeutend für mich.

Erinnerungen

Eine Sorge von uns, die wir um einen geliebten Menschen trauern, ist die, dass diese Person, die wir so innig lieben, in Vergessenheit gerät. Wir haben Angst, dass der Beitrag, den er oder sie für die Welt geleistet hat, nicht in Erinnerung bleibt. Und wenn unser geliebter Mensch vergessen wird, fühlt es sich fast so an, als ob sein oder ihr Leben irgendwie vergeudet wäre oder vielleicht gar keine Rolle spielte. Das kann in uns die Vorstellung wecken, als sei unser eigenes Leben eine Verschwendung, wenn denjenigen, den wir verloren haben, vergessen. Wenn wir gerade klar denken können, erkennen wir, dass dies nicht der Fall ist; aber mit der Zeit, wenn weniger Leute über unseren geliebten Menschen sprechen, geraten wir schon fast in Panik bei dem Gedanken, dass jemand so Besonderes so bald vergessen sein könnte.

Auch wenn das Leben in der Öffentlichkeit sicherlich Nachteile hat, bringt es auch einige Vorteile mit sich. Der aktuelle Vorteil ist die Tatsache, dass sich so viele Menschen weiterhin an Gayle, ihre Talente, ihre Liebe und ihr Wirken erinnern.

Dieser Erinnerungsvorteil begann mit ihrer Trauerfeier. Die Ortsgemeinde, in der die Trauerfeier stattfand, fasst eigentlich sechs- bis siebenhundert Personen, doch es kamen mehr als elfhundert zu Gayles Trauerfeier, wobei weitere vierhundert per Videoübertragung in einer nahe gelegenen Schule zusahen und nochmal zwei- bis dreihundert online zugeschaltet waren. Kurz nach der Beerdigung erhielt sie posthum die ersten Auszeichnungen. Gayle und mir wurde eine Auszeichnung für unser Lebenswerk für den missionarischen Dienst für Familien von der Generalkonferenz der Siebenten-Tags-Adventisten und eine Auszeichnung für unser Lebenswerk für hervorragende Leistungen im Rundfunk von der Nordamerikanischen Division der Siebenten-Tags-Adventisten verliehen. Die Kirchengemeinde, in der Gayle und ich siebzehn Jahre unseres Dienstes verbrachten, baut einen neuen Kinder- und Jugendkomplex, der laut Abstimmung nach Gayle benannt werden soll.

Wenn ich die Welt bereise, um Vorträge zu halten, werde ich fast überwältigt von Menschen, die mir ihr Beileid bekunden und dann berichten, was Gayle ihnen bedeutet hat. Viele von ihnen haben sie zwar nie getroffen, wurden aber dennoch durch ihre Arbeit im Fernsehen oder unsere gemeinsamen Seminare beeinflusst. Es gab Frauen, die mir erzählten, dass sie versucht hätten, ihr Leben nach dem Vorbild von Gayles Leben und Einstellung zu führen, auch wenn sie nie die Ehre hatten, sie persönlich zu treffen.

Während des ganzen ersten Jahres nach Gayles Tod war ich fortwährend erstaunt über die Anzahl der Facebook-Kommentare, E-Mail-Nachrichten, Twitter-Reaktionen, Website-Kontakte und Briefe in Bezug auf den Einfluss von Gayles Leben und Dienst. Das freute mich und unsere Familie sehr.

Wenn ich an Gayle und den enormen Einfluss ihres Lebens denke, dann erinnert es mich daran, dass noch viele, viele andere sich über alle Maßen eingebracht haben, deren Mühen aber fast vergessen scheinen. Ihr Leben und ihr Dienst sind nicht weniger wertvoll oder bedeutsam und dennoch fühlt es sich für die Hinterbliebenen so an, als ob sich niemand daran erinnert oder sich keiner dafür interessiert.

Es war ein Segen, so viele Zusicherungen zu erhalten, dass das Leben meiner Frau nicht so bald in Vergessenheit geraten werden würde. Doch ein Wort an diejenigen, die um einen geliebten Menschen trauern, dessen Leben genauso wichtig war, jedoch nicht die öffentliche Anerkennung erfuhr, die Gayle zuteilwurde: Bitte seid sicher, dass der Himmel das Wirken schätzt und ehrt. Der Himmel vergisst es nie! Für Gott ist das Erinnern ein heiliger Akt!

Wenn du jemandem helfen möchtest, von dem du weißt, dass er um einen geliebten Menschen trauert, biete ihm das Gedenken an den Verstorbenen an. Erzähl der trauernden Person eine Begebenheit, die für dich von Bedeutung ist, oder berichte von dem Einfluss, den der Verstorbene auf dein Leben hatte. Das Angebot eines solchen Gedenkens gibt der trauernden Familie die Bestätigung, dass ihr geliebter Mensch nicht vergessen ist. Es erinnert uns alle daran, dass jedes Leben zählt und von großer Bedeutung ist.

Während die Zeit nach Gayles Tod vergeht, erinnere ich mich an andere, die einen bedeutenden Beitrag für mein Leben geleistet haben, Menschen wie Wayne Thurber, Elden Walter, George Akers, Ben Leach, Jack Whitacre, Fred Thomas und viele weitere, die mir geholfen haben, der Mann zu werden, der ich heute bin. Ich danke Gott für ihr Leben und halte das Gedenken an jeden einzelnen hoch.

Ihr Leben war von Bedeutung. Jedes Leben ist von Bedeutung! Niemand ist vergessen. Der Himmel beachtet und feiert jedes Leben und deckt eines Tages alle verborgenen, noch so unscheinbaren Liebeshandlungen auf, die je auf diesem Planeten getan wurden. Niemand ist vom Himmel vergessen!

Fragen & Impulse

1. Erstelle eine Liste mit deinen heutigen Symptomen. Gibt es irgendwelche Veränderungen gegenüber dem letzten Mal, als du über deine Symptome nachgedacht hast?

2. Schreibe weiter an der Geschichte deines Lebens mit dem Menschen, den du verloren hast. Füge Details hinzu und konzentriere dich besonders auf die Gefühle, die du beim Schreiben dieser Geschichte hast.

3. Hast du eine Liste von Menschen erstellt, mit denen du gerne reden möchtest? Wenn ja, dann wäre jetzt vielleicht der richtige Zeitpunkt, eine dieser Personen zu kontaktieren und ein Treffen zu vereinbaren. Halte es kurz – eine halbe bis eine ganze Stunde – und nutze die Zeit, um deine Geschichte, deine Erinnerungen und deine Gefühle zu teilen.

4. Auf welche Weise soll dein geliebter Mensch in Erinnerung bleiben? Ist es dir wichtig, dass diese Person nicht vergessen wird? Hilft es dir, wenn jemand von deinem geliebten Menschen berichtet oder eine Geschichte über ihn oder sie erzählt?

5. Denke darüber nach, in welcher Form du das Leben deines geliebten Menschen festhalten könntest. Einige Möglichkeiten wären zum Beispiel ein Fotoalbum zusammenzustellen, die Lebensgeschichte der Person aufzuschreiben oder eine Facebook-Seite zu erstellen, die deinem geliebten Menschen gewidmet ist.

4

Deine Verlusterfahrung

Deine Geschichte ist einzigartig. Deine Erfahrung mit der Person, die du verloren hast, ist ebenso einzigartig. Andere Personen aus deiner Familie oder deinem engen Freundeskreis mögen ebenso eine Beziehung zu diesem Menschen gehabt haben, aber deren Beziehung ist nicht dieselbe wie deine. Du hattest eine andere Beziehung als alle anderen.

Das bedeutet, auch deine Trauererfahrung wird anders sein als die der anderen. Die Zeit, die du zum Trauern brauchst, die Symptome, die du erlebst, und die Dinge, die du hilfreich findest, werden für dich andere sein als für die anderen, die um dieselbe Person trauern. Das liegt daran, dass deren Persönlichkeiten, Erfahrungen und Ressourcen verschiedene sind. All diese und weitere Faktoren machen deine Trauererfahrung einzigartig für dich.

Ebenso kann ich dir versichern: Auch wenn andere Menschen bedeutende Verluste in ihrem Leben erfahren haben, niemand – und ich meine absolut niemand – weiß genau, wie du dich fühlst. Es mag Ähnlichkeiten zwischen deren Verlust und deinem geben, und dennoch: *Dein Verlust ist absolut einzigartig für dich.*

Das bedeutet auch: Selbst wenn andere zu wissen glauben, was richtig für dich ist, und eine Menge Ratschläge parat haben, wissen sie nicht genau, was sie tun würden, wenn sie in deiner Situation wären. Man kann es nicht wissen, bis man die Person ist, die es erlebt.

Über Jahrzehnte habe ich Menschen geholfen, den Verlust eines Ehepartners zu verarbeiten. Ich dachte, ich hätte eine recht gute Vorstellung davon, wie niederschmetternd dies ist. Ich muss dir gestehen, dass ich falsch lag … Ich hatte absolut keine Ahnung davon, wie entsetzlich der Verlust eines Ehepartners wirklich ist.

Dasselbe gilt für den Verlust bei einer Scheidung, den Verlust eines Kindes und jeden anderen bedeutenden Verlust. Sofern du es nicht erlebt hast, kannst du es unmöglich wissen. Auch kannst du nicht vorhersagen, wie du mit einem solchen Ereignis umgehen wirst. Du musst es selbst erlebt haben, um es zu wissen.

Es gibt einige Dinge, die die meisten Trauernden gemeinsam haben. Für fast alle, die Trauer erleben, ist der Schmerz unglaublich stark. Es ist fast unmöglich, diese Gefühle jemandem, der noch nie schwere Trauer erlebt hat, zu beschreiben. Sie wirkt sich auf den Schlaf, den Appetit, das Gedächtnis, die Gesinnung, Vorlieben und Abneigungen und jeden anderen Bereich des Lebens aus. Sie lässt dich daran zweifeln, ob du es schaffen wirst, diese Erfahrung durchzustehen, und sie lässt dich sogar daran zweifeln, ob du das alles tatsächlich durchleben willst.

Wenn das Erleben der Trauer schwer ist, scheint es so, als ob das alles nie ein Ende nehmen wird. In Wahrheit aber verändern die Dinge sich, doch das Ganze geht so klein und so langsam vonstatten, dass es sich so anfühlt, als sitze man für immer fest. Dieses Gefühl ist normal. Veränderungen verlaufen für Trauernde langsam, fast unmerklich.

Um einen gewissen Überblick zu behalten, finden es viele Menschen hilfreich, über ihre Symptome Tagebuch zu führen. Wenn du deine Gefühle, deine Schlafgewohnheiten, deinen Appetit, deine Stimmung und anderes festhältst, kannst du die vergangenen Tage oder Wochen vergleichen und sehen, dass sich tatsächlich etwas verändert hat. Beweise selbst für langsame, kleine Veränderungen zu sehen, kann einem Mut machen.

Generell kann Trauer dich in eine Opferrolle versetzen. Sie kann dir das Gefühl vermitteln, absolut keine Kontrolle mehr zu haben. Ich kann dieses Gefühl nicht ausstehen. Deshalb war es mir wichtig, zumindest ein gewisses Maß an Kontrolle auszuüben. Die einzige Möglichkeit für mich, dies zu tun, bestand darin, einen Plan zu haben. Einen Plan zu haben hilft einem, das Gefühl der Kontrolle wieder zurückzugewinnen, auch wenn du nicht in der Lage bist, den Plan in allen Details zu befolgen. Er bekämpft dieses erdrückende Gefühl der Unsicherheit, das mit einem bedeutenden Verlust einhergeht. Das Leben selbst fühlt sich zerbrechlich und bedeutungslos an. Einen Plan zu haben, soll darauf abzielen, diese Gefühle abzuschwächen.

Die folgenden Absätze sind Posts, die ich auf Facebook geteilt habe, und die meinen gesamten Plan kurz zusammenfassen. Dein Plan kann sich von meinem unterscheiden, denn er sollte deiner Persönlichkeit und deinen Umständen entsprechen. Kein Plan ist perfekt und niemand befolgt den Plan immer zu hundert Prozent. Aber einen Plan zu haben und daran zu arbeiten, gibt einem wenigstens das Gefühl, ein gewisses Maß an Kontrolle zu haben, und das ist extrem wichtig.

Hier ist mein Plan.

Der Plan

Als Gayle krank wurde, strichen die Mitarbeiter bei *Faith For Today* alle meine Termine für die folgenden drei Monate. Gayle starb einen Monat, nachdem alles abgesagt worden war. So blieben mir zwei freie Monate. Das erwies sich als Fluch und Segen zugleich: als Fluch, weil ich allein war in dem Haus, in dem Gayle verstorben war, und ich wenig zu tun hatte; und als Segen, weil ich außer den Dingen, die man erledigen muss, wenn jemand stirbt (Krankenhausrechnungen, Versicherung, Sterbeurkunde etc.), auch die Gelegenheit hatte zu planen, wie ich mit meinem Verlust umgehen würde.

Die meisten Menschen kennen die Symptome und den Prozess der Trauerbewältigung nicht. Ein Mangel an Wissen lässt viele unsicher sein, wie man einen Plan macht. Aber ich hatte den Bewältigungsprozess der Trauer viele Jahre lang unterrichtet, also kannte ich die Fachliteratur und die wissenschaftliche Forschung.

Ich wusste, dass diejenigen, die so etwas wie einen Plan haben und es schaffen, sich daran zu halten, mit größerer Wahrscheinlichkeit eine bessere Erfahrung machen als diejenigen, die sich von den Wellen der Trauer hin- und herwerfen lassen. Deshalb machte ich mir einen Plan.

Ich beschloss, intensiv und früh zu trauern. Es war das *Letzte,* was ich tun wollte, aber es war das *Richtige.* Ich nutzte die freie Zeit in den ersten beiden Monaten, um den ganzen Schmerz zu erleben und mit der harten Arbeit der Trauer zu beginnen.

Mein Plan war es, mich nach Kräften mit den vier Tätigkeiten der Trauer zu beschäftigen: denken, schreiben, reden und weinen. Ich würde weitere eigene Tätigkeiten hinzufügen: regelmäßige moderate körperliche Aktivität (in meinem Fall Gehen), Gebet und den Entschluss, mich der Trauer zu ergeben, indem ich schmerzvolle Erfahrungen und Ereignisse vorwegnehmen würde und mich früher, als es eigentlich nötig gewesen wäre, damit beschäftige. Ich wollte mich von der Trauer nicht länger als unbedingt notwendig zum Opfer machen lassen. Also entschied ich mich dafür, in die Offensive zu gehen, statt passiv abzuwarten und anschließend zu reagieren. Aus diesem Grund fing ich knapp zwei Monate nach Gayles Tod an, auf Campmeetings zu sprechen, leitete ganz allein ein *Mad About Marriage*-Seminar, unternahm eine Reise nach New York City, um ein paar der unterhaltsamen Dinge zu tun, die wir immer gemeinsam getan hatten, und ging sogar ganz allein auf eine Kreuzfahrt – nur um zu beweisen, dass ich es konnte.

Es war mir in meinem Plan wichtig, ein positives Gottesbild behalten zu können. Das würde mich hoffentlich davon abhalten, Gott für den Verlust verantwortlich zu machen. Stattdessen würde es mir helfen, ihm für das Geschenk zu danken, das er mir in Gayle vierzig Jahre meines Lebens gemacht hatte. Diese Sicht von Gott würde mir erlauben zu erkennen, dass ich viel mehr erhalten habe, als Gott es jemals versprochen hat. Ich bin mit einem Überfluss an Reichtum gesegnet worden, dadurch dass ich eine Liebe und Partnerschaft erlebt habe, die nur wenige jemals erfahren.

Ich erstellte und befolgte Pläne für Geburtstage, wichtige Feiertage und Familientreffen. Und ich blieb im ehrlichen und offenen Kontakt mit Menschen, von denen ich wusste, sie würden mit Mitgefühl und ohne Wertung zuhören.

Ich versprach mir auch selbst, wichtige Entscheidungen erst zu treffen, nachdem ich mich mit Menschen beraten hätte, deren Meinung ich schätze, und dann würde ich ihrem Rat folgen.

Aufgrund meines Plans, der Trauer offen entgegenzutreten, war meine Erfahrung im ersten Jahr ganz besonders schmerzvoll. Während ich täglich oder manchmal sogar stündlich an Gayle dachte, weinte ich mehr, als ich es für menschenmöglich gehalten hätte. Verwirrtheit, Konzentrationsschwäche, Traurigkeit, körperliche Beeinträchtigungen, Appetitlosigkeit gefolgt von Trostessen, Stimmungsschwankungen und Weiterem waren Teil meiner täglichen Existenz. Ich war ein Trauernder, wie er im Buche steht.

Aber ich kann ehrlich sagen, dass ich meinem Plan treu geblieben bin. Kleinere Ausreißer waren recht unbedeutend und unbeabsichtigt. Ich tat nichts besonders Destruktives, wozu viele Menschen neigen, wenn sie in der Trauer gefangen sind. Ich folgte dem Plan, stellte mich meinen Gefühlen und führte den Trauerprozess recht öffentlich, um mich selbst zur Verantwortung zu ziehen – in der Hoffnung, für jemanden mit einem ähnlichen Verlust von Nutzen zu sein.

Während ich diese Zeilen schreibe, kann ich sagen, dass ich mich langsam an meine neue Normalität gewöhnt habe. Dass der Verlust nicht geleugnet werden kann, ist meine neue Realität geworden. Ich habe den Schmerz angenommen und mich auf die Situation eingestellt, es beginnt sich eine neue Persönlichkeit zu entwickeln, und die Hoffnung kehrt langsam zurück. Allmählich hat der Schmerz nachgelassen. Ich habe mich an die Abwesenheit meiner Lebenspartnerin gewöhnt und bewege mich in Richtung der Möglichkeit einer neuen Investition ins Leben.

Der Plan hat funktioniert, so weit ich es zu hoffen wagte. Durch Gottes Gnade bin ich meinen Werten, Prinzipien, Zielen und Träumen treu geblieben. Ich bin weiterhin Pastor und lebe, so wie ich glaube, dass ich leben sollte. Es war nicht einfach, doch Gott gab mir die Kraft, als ich sie am dringendsten brauchte, und machte so wieder einen vollständigeren Menschen aus mir. Er erlaubte mir auch, tiefere Einsichten in die Erfahrung der Trauer zu gewinnen.

Auf dem Weg der Trauer gibt es Meilensteine. Wenn du die Meilensteine erreichst, wirst du erkennen, dass du Fortschritte machst. Überspringst du ein Wegzeichen, wird sich das rächen.

Meilenstein 1: Glaube, dass es wirklich passiert ist. Du kannst nicht um einen Verlust trauern, wenn du nicht glaubst, dass er real ist. Die Endgültigkeit des Verlustes zu akzeptieren, kann schwierig sein. So gerne du es auch verdrängen möchtest, dein geliebter Mensch wird bis zur Auferstehung nicht zurückkommen.

Jeder hat gewisse Schwierigkeiten damit. Einige finden dieses Ringen sehr schwer. Die Abwesenheit des geliebten Menschen als Realität zu akzeptieren, ist fast zu schmerzhaft, um sich damit abzufinden.

Für mich war dies ein eher natürlicher, sogar unumgänglicher Prozess. Wenn ich morgens aufwachte, schaute ich im Bett neben mich, um wirklich glauben zu können, dass Gayle weg war. Manchmal wollte ich sie anrufen, um ihr etwas zu erzählen, doch dann dämmerte mir, dass das nicht möglich war. Sie war weg.

Je früher du dich mit der Realität des Verlustes auseinandersetzt und je früher du dich auf den Prozess der Trauer einlässt, desto schneller geht es dir wieder besser. Doch alles beginnt mit der Akzeptanz des Verlustes.

Meilenstein 2: Sei bereit, den Schmerz zu fühlen. Manche Menschen versuchen, sich vor dem Schmerz zu verstecken. Andere nehmen Medikamente oder betäuben sich mit Alkohol. Weitere Strategien beinhalten Arbeit, Pornografie, eine neue Liebesbeziehung oder einfach den Versuch, den Schmerz zu ignorieren.

Ich zog es vor, mich dem Schmerz hinzugeben. Ich dachte mit Absicht an Gayle, suchte mir Aktivitäten aus, die wir gemeinsam unternommen hatten, ging an Orte, an denen wir gemeinsam gewesen waren, und Ähnliches. So sehr es auch schmerzte, ich ergriff den Schmerz, weinte, dachte die Gedanken zu Ende und fühlte die Tiefe meines Leids. Es gab Zeiten, da glaubte ich, ich könnte es nicht mehr ertragen, doch irgendwann tat alles etwas weniger weh. Für mich erfolgte ungefähr neun oder zehn Monate nach Gayles Tod eine spürbare Erleichterung. Doch das ist von Mensch zu Mensch sehr unterschiedlich.

Meilenstein 3: Pass deinen Alltag an ein Leben ohne den geliebten Menschen an. Dies ist zu einem gewissen Grad unausweichlich. Ich musste lernen, allein zu schlafen, zu kochen, den Haushalt zu machen, auf Feiern zu gehen und so weiter. Jeder Aspekt des Lebens muss angepasst werden. Arbeit, Freizeit, geistliches Leben und die banalen Dinge des Alltags müssen neu justiert werden. Sogar mein Selbstverständnis, meine Einstellungen und meine persönliche Identität mussten angepasst werden. Nachdem ich erst einmal viel verändert hatte, begann ich schließlich eine neue Normalität zu erkennen. Ich mochte meine neue Normalität eigentlich nicht besonders - wenige tun das -, aber es ist meine unumgängliche Realität.

Manche Menschen sind sogar erleichtert, wenn sie eine neue Normalität finden. Das kann passieren, wenn sie ihren geliebten Menschen über einen langen Zeitraum pflegen mussten. Manche Menschen sind jahrelang schwer krank, bevor sie sterben. Wenn der Tod dann eintritt, kann die pflegende Person eine anfängliche Erleichterung empfinden. Das ist normal. Jede Schuld im Zusammenhang mit diesem Gefühl der Erleichterung ist fehl am Platz.

Andere können Erleichterung empfinden, wenn die Person, um die sie trauern, körperlich extrem eingeschränkt, geistig krank oder verletzend war. Jede neue Normalität könnte eine Verbesserung sein! Noch einmal: Das ist normal. Es ist auch normal, sich wegen des Gefühls der Erleichterung schuldig zu fühlen. Eine solche Schuld ist zwar unangebracht, jedoch völlig normal.

Meilenstein 4: Verabschiede dich von der Beziehung, zieh die emotionale Energie zurück, die du in diese Beziehung investiert hast und investiere sie neu. Dieser Meilenstein schmerzt und nur wenige tun es gern. Aber irgendwann kommt der Moment, in dem du das Trauern so über hast, dass du dafür bereit bist. Du musst dich nicht von deinen Erinnerungen verabschieden oder von deiner Liebe zu diesem Menschen. Du verabschiedest dich von der Beziehung, wie sie einmal war, und nimmst die neue Beziehung in deinem Herzen und Verstand an. Ich muss mich von Gayle verabschieden, als meine beste Freundin, Kollegin, Köchin und noch viel mehr. Ich kann das nicht alles auf einmal, aber nacheinander und Schritt für Schritt. Indem ich das tue, ziehe ich diese emotionale Energie zurück und investiere sie neu. Worin ich erst einmal neu investiere, kann sich nach ein paar Wochen, Monaten oder Jahren ändern. Normalerweise werden die besten Investitionen in Gott und in Menschen getätigt. Diese Investitionen bringen auch die größte Erfüllung.

Auf verschiedene Art und Weise habe ich den vierten Meilenstein erreicht. Dieser Prozess dauert für einige länger und für andere kürzer, aber man muss ihn letztendlich passieren. Es ist wichtig, dass du nicht zu diesem Meilenstein hetzt. Du musst erst alle anderen Steine hinter dir haben, bevor du den letzten erreichst. Passiere ihn erst, wenn du wirklich dazu bereit bist, und nicht früher.

Dieser vierte Meilenstein ist der schwierigste und derjenige, zu dem ich die meisten Fragen gestellt bekomme. Ich werde mein Bestes geben, ihn ein wenig zu erklären.

Tatsache ist, dass sich die Beziehung bedeutend verändert hat. Die alte Beziehung ist vorbei und diesseits des Himmels unwiederbringlich. Teil der alten Beziehung war es, von Angesicht zu Angesicht miteinander zu reden, sich zu berühren, Erinnerungen miteinander zu teilen und als Team zusammenzuarbeiten. Die neue Beziehung existiert in deinem Herzen und in deinen Erinnerungen.

Im Wesentlichen ist die alte Beziehung gestorben. Dieses Ende anzuerkennen, sich zu verabschieden, die emotionale Energie, die in diese Beziehung investiert wurde, zurückzuziehen und anschließend neu zu investieren, ist eine gesunde Sicht auf das, was bereits geschehen ist.

So gerne ich es auch tun würde, ich kann Gayle nicht umarmen, mit ihr reden oder eine Erinnerung mit ihr teilen. Eines Tages sah ich mir alte Familienfotos an – in dem Versuch, auszusortieren und das Durcheinander zu ordnen. Dabei fand ich viele Fotos von Gayle und unserer jungen Familie. Ich sehnte mich danach, mit ihr zu sprechen und diese Erinnerungen zu teilen, aber das konnte ich offensichtlich nicht.

Die alte Beziehung ist tot. Die neue Beziehung zu Gayle lebt, solange ich lebe, in meinem Herzen und meinen Gedanken weiter.

Abschied nehmen

Vor vielen Jahren hielt ich ein sechswöchiges Trauerbewältigungsseminar in einem Krankenhaus, in dem ich als Seelsorger tätig war. Die Kurse waren beliebt und es kamen eine Menge Teilnehmer.

In einem dieser Kurse bemerkte ich eine Frau Ende dreißig. Sie nahm jede Woche teil und war in den einzelnen Sitzungen sehr emotional. Aber die Teilnehmerzahl war so groß, dass ich sie nicht persönlich ansprechen konnte, um ihre Geschichte zu erfahren.

Auch zu den nächsten drei Terminen dieses Kurses kam die Frau wieder, jedes Mal in Begleitung einer anderen Person. Ich konnte aufgrund der Größe der Gruppe aber noch immer nicht mit ihr reden.

Beim nächsten Mal nahm ich mir fest vor, mit dieser Frau zu sprechen, und es gelang mir, von ihrer Geschichte zu hören. Ich war beeindruckt von ihrer Erzählung.

Die Frau hatte drei Söhne. Der jüngste, ein vierjähriger Junge, war ein richtiges Mamasöhnchen. Die beiden älteren standen ihrem Vater näher, aber der jüngste Sohn vergötterte seine Mutter. Er war ihr ständiger Begleiter und tat alles, was sie tat.

Eine seiner Lieblingsbeschäftigungen war es, mit ihr Bananenmuffins zu backen. Jedes Mal saß der Junge auf der Arbeitsplatte und half seiner Mutter. Er schlug besonders gerne die Eier auf und ließ sie in den Teig rinnen – das konnte er hervorragend. Ihm fielen nie Schalen in die Rührschüssel.

Eines Tages wollte die Frau Bananenmuffins backen und suchte ihren Sohn. Er war draußen, spielte mit seinen Brüdern und schien so viel Spaß zu haben, dass sie beschloss, die Muffins diesmal ohne ihn zu backen. Als er hereinkam und entdeckte, dass sie die Muffins ohne ihn gemacht hatte, wurde er traurig. Seine Mutter versprach ihm, das nächste Mal wieder gemeinsam mit ihm zu backen.

Kurz nach diesem Ereignis ereignete sich ein Unfall, der den Jungen das Leben kostete. Du kannst dir sicher vorstellen: Die Trauer dieser Frau war grenzenlos. Sie mühte sich mit dem alltäglichen Leben ab. Einfach aus dem Bett zu kommen, war ein enormes Unterfangen. Schließlich nahm sie auf Anraten ihres Arztes an dem Trauerbewältigungsseminar teil, das ich leitete.

Sie machte sehr gut mit, bis ich das vierte Ziel der Trauer nannte, sich von der Beziehung, wie sie existiert hatte, zu verabschieden, die emotionale Energie zurückziehen und sie neu zu investieren. Der bloße Vorschlag eines solchen Schritts machte sie wütend! Sie schwor sich, das niemals zu tun.

Der Kampf dieser Frau mit ihrem Leid wurde schlimmer und schlimmer. Eines Abends schließlich, als sie nicht einschlafen konnte, stand sie wieder auf und schlurfte in die Küche. Dort bemerkte sie, dass die Bananen schon überreif waren. Da sie sowieso nicht schlafen konnte, begann sie daraus Muffins zu backen.

Erst als sie die Eier aufschlug, erinnerte sie sich an ihr Versprechen, das sie ihrem Sohn vor seinem Tod gegeben hatte. Sie brach in Tränen aus und weinte unkontrollierbar.

Als sie schließlich ihre Fassung wiedererlangte, beschloss sie, das Undenkbare zu tun. Sie sagte in etwa: „Johnny, ich liebe dich mehr, als ich es in Worte fassen kann, aber auf dieser Erde werde ich nie wieder gemeinsam mit dir Bananenmuffins backen. Also muss ich mich von dir als meinem Bananenmuffin-Backpartner verabschieden. Ich liebe dich, Liebling. Auf Wiedersehen."

Wieder flossen Tränen; doch als sie auf diese Nacht zurückblickte, erkannte sie, dass sie endlich einen Wendepunkt erreicht hatte. Von diesem Punkt an ging es aufwärts.

Wann immer jemand in ihrer Nachbarschaft, ihrer Kirche oder an ihrem Arbeitsplatz einen Verlust erfährt, wartet sie, bis sich die Wogen für diese Person etwas geglättet haben. Wenn sie glaubt, der richtige Zeitpunkt sei gekommen, backt sie Bananenmuffins, bringt sie dem Trauernden mit und sagt: „Das sind Bananenmuffins und es gibt in diesem Zusammenhang eine Geschichte. Wenn Sie so weit sind, erzähle ich Ihnen diese Geschichte."

Später, zum passenden Zeitpunkt, erzählt sie der Person ihre Geschichte. Dann nimmt sie die Person zu einem Trauerbewältigungsseminar mit.

Diese Frau erlebte einen schrecklichen Verlust und verwandelte ihn in einen Gewinn für andere. Sie nahm ihre emotionale Energie zurück, die sie in ihren Sohn investiert hatte, und investierte sie neu in den Dienst für andere, die mit Trauer zu kämpfen haben. Indem sie anderen half, deren Trauer zu bewältigen, half sie auch sich selbst in ihrer Trauererfahrung.

Loslassen

Wenn du diesen Meilenstein erreichst, endet deine Trauer nicht. Sie hört niemals wirklich auf, aber der Umgang mit ihr kann leichter werden. *Du kannst tiefer atmen, dich etwas besser konzentrieren, Pläne schmieden und Hoffnung für die Zukunft schöpfen.* Dein Herz findet ein wenig mehr Platz, um zu lieben, zu träumen, zu hoffen und einfach zu leben.

Das alles geschieht bei jedem anders. Manche brauchen länger als andere. Einige bewegen sich ruckartig, während andere langsam und kontinuierlich vorwärtskommen. Es spielt keine Rolle, wie es bei dir geschieht, denn wir sind alle anders. Wichtig ist, dass es passiert. Der Prozess muss auf die eine oder andere Weise vorangehen.

Das Leben erwartet dich. Weder Befreiung von der Trauer noch Befreiung vom Schmerz, sondern das Leben. Es ist ein Leben voller Erinnerungen, guter und schmerzlicher. Es ist ein Leben voller Leid, Freude, Angst, Euphorie, Verzweiflung und Hoffnung. Aber es ist es immer noch ein Leben. Es kann ein Leben mit einem Sinn, einer Bestimmung und sogar Freude sein. Es ist das, was wir haben. Wir müssen das Geschenk, das bleibt, annehmen.

Das ist mein Plan. Er hat für mich so gut funktioniert, wie ich es mir erhoffen konnte. Ich sage es noch einmal: Dein Plan kann sich von meinem unterscheiden, aber ich hoffe, dass mein Plan einige Elemente enthält, die für dich wertvoll sind, wenn du den Kurs für deinen Trauerweg festlegst.

Zu Beginn meiner Trauererfahrung schrieb ich einen Artikel für *Adventist Review.* Dieser Artikel erschien am 23. April 2016, nur dreizehn Tage nach Gayles Tod. Er beschreibt meine anfänglichen Erfahrungen mit der Trauer und zeigt den Versuch, meinen Plan zu befolgen:

Mein Umgang mit dem schwersten Verlust meines Lebens

Jesus bleibt mein ständiger Begleiter, meine wichtigste Stütze.
Von Mike Tucker, Sprecher und Leiter, Faith For Today

Verlust und die sich anschließende Trauer sind ein unausweichlicher Teil des Lebens. Jeder hat auf irgendeine Weise einen Verlust erfahren und jeder musste sich mit der Trauer befassen.

So wie Sie habe ich im Laufe meines Lebens viele Verluste erlitten, aber der jüngste Verlust ist bei Weitem der lähmendste. Für viele gehört der Verlust eines Ehepartners zu den schwierigsten. Obwohl mein Verlust noch frisch ist und meine Reise durch die Trauer gerade erst beginnt, ist dies die schwerste Erfahrung meines Lebens.

Gayle war meine Seelenverwandte. Gayle und ich glaubten, dass Seelenverwandtschaft eher geschaffen als gefunden wird. Zwei Menschen werden zu Seelenverwandten, wenn sie sich dazu entschließen, alles zu tun, was nötig ist, um Seelenverwandte zu werden. Gayle und ich haben diese Entscheidung getroffen, haben uns die Arbeit gemacht und durch Gottes Gnade kamen wir uns näher, als wir es uns je erträumt hätten. Während diese Beziehung mein Leben unsagbar bereicherte, hat sie meinen Verlust durch Gayles Tod am 10. April umso mehr vergrößert.

Wir erlebten vierzig Jahre voller Leben, Liebe, Familie und Mission! Auch wenn wir sicherlich unsere Höhen und Tiefen als Paar hatten, konnten wir letztlich ehrlich sagen: Die Reise hat sich gelohnt. Als Gayle wusste, dass sie sterben wird, teilte sie mit mir die einfachen Worte über unsere Ehe: „Keine Reue!" Dem stimme ich zu. Absolut keine Reue!

Gayle war meine beste Freundin. Ich vermisse es, ihr Begebenheiten aus meinem Alltag zu berichten, sie lächeln zu sehen, wenn unsere Kinder und Enkelkinder zu Besuch kommen, sie lachen zu hören, die Wärme ihrer Umarmung zu spüren. Und ich vermisse ihre Gebete. Ich vermisse ihre Gebete am allermeisten.

Wir haben gemeinsam die Schrift studiert, über Theologie diskutiert, Initiativen für unseren missionarischen Dienst geplant und durchgeführt und gemeinsam mit unseren Enkelkindern gespielt. Diese Dinge kann ich niemals ersetzen.

Glaube in Einsamkeit und unter Tränen

Ich bin Berater und habe als Seelsorger im Hospiz und im Krankenhaus gearbeitet. In dieser Funktion habe ich viele Trauerbewältigungsseminare geleitet und viele Menschen beraten, die von tiefer Trauer betroffen waren. Durch meine beruflichen Funktionen habe ich gelernt, dass es manchmal hilfreich sein kann, Menschen wissen zu lassen, dass ihre Symptome, wenn auch heftig, dennoch normal sind. In diesem Sinne werde ich einige meiner trauerbezogenen Symptome mitteilen.

Manchmal überwältigt mich die Einsamkeit fast. Ich habe glücklicherweise ein starkes Netzwerk an Unterstützern, also ist diese Einsamkeit nicht die Abwesenheit von Menschen in meinem Leben, sondern die Abwesenheit meiner Lebensgefährtin. Ich vermisse sie schrecklich!

Im Gegensatz zu vielen anderen, die einen solchen Verlust erleben, habe ich keinen Verlust des Glaubens erfahren. Ein zeitweiliger Verlust des Glaubens ist ein häufiges Symptom der Trauer und wird als ganz normal angesehen und nicht notwendigerweise als geistliche Schwäche. Bei früheren Verlusten habe ich diesen Verlust des Glaubens erfahren, aber auf meinem aktuellen Weg passierte es bisher nicht. Jesus bleibt mein ständiger Begleiter, meine wichtigste Stütze. Die Hoffnung auf die Auferstehung leitet mich von Tag zu Tag.

Ich weine häufig, oft zu unerwarteten Zeiten. Wenn ich weine, gebe ich Laute von mir, die mich überraschen. Sie kommen von einem Ort tief in meinem Inneren und in meinen Ohren klingen sie fast unmenschlich. Diese Laute sind der elementarste und vielleicht auch der gewandteste Ausdruck meines Schmerzes.

Ich schlafe bislang fünf bis sieben Stunden pro Nacht. Dies ist ein Segen für mich und ungewöhnlich für die meisten in tiefer Trauer. Mein Appetit kommt und geht. Meine Konzentrations- und Gedächtnisleistung ist fast gar nicht vorhanden und ich habe das Interesse an vielen Dingen verloren, die ich früher gerne getan habe. Morgens beim Aufwachen denke ich zuallererst an Gayle; abends vor dem Einschlafen gehen meine Gedanken zuletzt zu ihr. Ich werde verzehrt von meinen Erinnerungen und Gedanken an meine Frau.

Manchmal fühle ich eine schwere Last, die auf meine Schultern und meine Brust drückt. Ich seufze häufig und es scheint mir, als hätte ich ständig einen Kloß im Hals, als wäre ich dauernd den Tränen nahe.

All dies ist normal.

Kraft durch Gebet und körperliche Aktivität

Ich habe einige Dinge gefunden, die mir auf meinem Trauerweg bisher hilfreich waren. Auch wenn diese Dinge meine Trauer nicht etwa beheben, haben sie mir geholfen, unter meiner Last nicht zusammenzubrechen.

Das Gebet ist mir wichtig. Ich bin nicht in der Lage, für einen langen Zeitraum zu beten, und oft kann ich zum Beten nicht niederknien. Stattdessen bete ich, wenn ich laufe, wenn ich arbeite und wenn ich durch das Haus oder einen Flughafen gehe. Meine Gebete sind eher kurze Unterhaltungen als formale Bittgesuche. Dwight L. Moody, der amerikanische Evangelist aus dem 19. Jahrhundert, empfahl, kurz, häufig und intensiv zu beten. Ich stimme dem zu und empfinde diese Art des Betens für meinen Weg als hilfreich.

Es ist mir wichtiger denn je, mich auf die positiven Eigenschaften von Gottes Wesen zu konzentrieren. Am schönsten werden diese für mich im Leben Christi dargestellt. Ich lese kurze Abschnitte aus den Evangelien. Wenn ich nichtbiblische Texte lese, dann vergewissere ich mich, dass sie leicht, erbaulich und inspirierend sind. Ich konzentriere mich auf Dinge, die die Liebe Gottes zeigen. Prophetie, Endzeitereignisse und tiefgründige Theologie sind im Moment für mich nicht hilfreich. Jesus ist mein Ein und Alles!

Ein geregelter Tagesablauf ist wesentlich für mich. Ich habe meinen Terminplan auf ein Minimum reduziert, um mich nicht zu überfordern. Ich stehe jeden Morgen ungefähr zur selben Zeit auf. (Das ist oft sehr anstrengend.) Eine Routine zu haben, ist wichtig.

Ernährung und körperliche Aktivität sind essenziell. Wenn ich Appetit habe, dann habe ich oft ein Verlangen nach Junkfood. Statt dem nachzugeben, konzentriere ich mich auf Obst und Gemüse und mache einen Bogen um meine geliebten Enchiladas. (Zugegeben, ich esse sie ab und zu, aber nicht so oft, wie es mich danach gelüstet.)

Und ich gehe. In meinem Alter ist Gehen eine wundervolle Art der Bewegung. Ich habe Zeit zum Nachdenken und zum Beten. Ich beginne mit einem Morgenspaziergang von sieben bis acht Kilometern. Dann achte ich darauf, im Verlauf des Tages viel zu Fuß zu gehen. Die Bank, der Lebensmittelladen, die Apotheke, die Reinigung und Restaurants sind von meinem Zuhause aus alle gut zu Fuß zu erreichen. Ich lasse das Auto in der Garage stehen und gehe wann immer möglich zu Fuß. Mein Rekord liegt bei über achtzehneinhalb Kilometern an einem Tag. Dreizehn bis sechzehn Kilometer sind nichts Ungewöhnliches. Ich nenne mich selbst im Scherz einen Trauerläufer. Ich gehe buchstäblich meinen Weg durch die Trauer! Das kann ich nur empfehlen.

Ich muss mich zwingen, am gesellschaftlichen Leben teilzunehmen. Dennoch ist es wichtig, sich diese Mühe zu machen. Auch wenn es oft schwierig ist – sozialer Umgang mit Familie und Freunden kann heilend sein.

Obwohl diese Dinge hilfreich sind, hält nichts den Schmerz so richtig auf. Es gibt keine Möglichkeit, die Trauer zu meiden. Sie muss durchlebt werden. Du kannst sie nicht umgehen. Du musst durch „das dunkle Tal des Todes“ (Psalm 23,4 NLB) gehen. Es gibt kein Entrinnen.

Allerdings geht Jesus nicht nur mit mir, sondern er trägt mich tatsächlich. Sogar wenn es sich so anfühlt, als sei er weit entfernt von mir, trägt er mich.

Ich vertraue ihm jetzt mehr als jemals zuvor und ich glaube seinem Versprechen, dass ich Gayle eines Tages wiedersehen werde.

Bis dahin!

Dieser Artikel beschreibt meinen Versuch, intensiv und früh zu trauern. Ich bin voll und ganz davon überzeugt, dass dies der wesentliche Schlüssel für die Neuorientierung nach meinem Verlust war. Ich legte einen Plan fest, versuchte den Plan zu befolgen und ließ mich sofort nach dem Verlust auf den Trauerprozess ein. Dies ist auch meine Empfehlung für dich.

Fragen & Impulse

1. Halte deine Symptome weiterhin schriftlich fest. Notiere Veränderungen, die vielleicht seit dem letzten Mal aufgetreten sind, als du über deine Symptome nachgedacht hast.

2. Schreibe die Geschichte deines Lebens mit dem Menschen, den du verloren hast, weiter auf. Füge Details hinzu und konzentriere dich beim Schreiben der Geschichte auf deine Gefühle.

3. Rede weiterhin mit Freunden, Pastoren oder Beratern, die dir geduldig zuhören und dir vertrauensvolle Unterstützung anbieten.

4. Beginne mit dem Entwurf deines eigenen Plans. Wie soll der Verlauf deines Trauerbewältigungsprozesses aussehen? Schreibe deine Ideen auf. Du kannst den Plan im Nachhinein noch anpassen.

Teil 2

Hindernisse

Zu wissen, wie der Trauerweg aussehen kann, und zu wissen, mit welchen Tätigkeiten man sich beschäftigen muss, um diesen Weg zu gehen, heißt nicht, dass die Reise ohne Hindernisse ablaufen wird. *Der Pfad der Trauer ist uneben und kurvenreich. Es gibt üblicherweise mehr Serpentinen als gerade Streckenabschnitte.* Es scheint, als gehe es auf der ganzen Reise ziemlich steil bergauf. Dies ist vielleicht die schwierigste Reise, die du jemals unternehmen wirst.

Der Trauerweg ist für jeden anders und zum Teil entstehen diese Unterschiede durch Menschen, die die Reise nicht vollständig verstehen. Ihre Erwartungen, Beeinflussungen und manchmal auch ihre gut gemeinten Versuche, dir zu „helfen", können den Weg sogar noch erschweren.

Jemand sagt vielleicht zu dir: „Es ist jetzt sechs Monate her. Bist du noch nicht darüber hinweg?" Jemand anders sagt vielleicht: „Es sind erst fünfzehn Monate. Glaubst du denn, du könntest dein Leben einfach weiterleben?" Solche Kommentare sind weder hilfreich, noch zeigen sie Verständnis für den Trauerweg.

Selbst wenn deine Familie und deine Freunde alle sehr verständnisvoll sind – wenn du mir ähnlich bist, dann wirst du selbst genügend Möglichkeiten finden, die Reise unnötig zu erschweren. Ich brauche keine Unterstützung von außerhalb, um meinen

Weg mühsam zu machen. Ich bin offenbar in der Lage, das auch ganz gut alleine zu schaffen.

Die folgenden Kapitel behandeln Hindernisse, denen Trauernde sich gegenübersehen. Einige dieser Probleme werden von den Menschen in ihrem Umfeld verursacht, während andere selbst verschuldet sind.

5

Anpassungen

Nach dem Verlust eines geliebten Menschen sind Anpassungen nötig. In der Liste der Ziele des Trauerns steht die Anpassung an das alltägliche Leben ohne den Verstorbenen an dritter Stelle. Die Anpassungen sind allerdings durch den gesamten Trauerbewältigungsprozess hindurch und sogar darüber hinaus nötig. Sie können zwar nicht alle auf einmal vorgenommen werden, aber sie finden parallel zu den anderen drei Zielen statt.

Eine Anpassung kann etwas so Einfaches sein, wie daran zu denken, den Müll rauszubringen, weil der Mensch, den du verloren hast, derjenige war, der das immer getan hat. Sich darauf einzustellen, allein zu schlafen, für eine Person zu kochen - oder erst kochen zu lernen -, niemanden zu haben, mit dem man seine Erlebnisse teilt, oder herauszufinden, wie man die Finanzen bewältigt, sind Beispiele für die vielen Anpassungen, die gemacht werden müssen.

Für mich waren die Anpassungen hinsichtlich der Arbeit enorm. Gayle und ich planten zusammen, schrieben zusammen, reisten zusammen, hielten gemeinsam Seminare und moderierten gemeinsam Fernsehprogramme. Gayle kümmerte sich würdig und gnädig um eine Unzahl von Details und wusste genau, wie sie mir die versteckten Schwierigkeiten hinter meinen großen kreativen Ideen aufzeigen konnte, ohne meinen Enthusiasmus zu bremsen.

In den seltenen Fällen, in denen ich ohne Gayle verreiste, rief ich sie an, um ihr von meinem Tag zu berichten, von den Siegen, die Gott geschenkt hatte, und von den Herausforderungen, die vor mir lagen. Sie war immer die erste Person, an die ich dachte, wenn ich etwas zu berichten hatte. Sie war meine beste Freundin.

Familientreffen wurden von Gayle organisiert und veranstaltet. Sie putzte, kochte, lud ein, dekorierte, begrüßte jeden Gast und sorgte dafür, dass sich jeder wie zu Hause fühlte. Sie war das Herz und die Seele unserer Familie.

Vermutlich ist es unrealistisch anzunehmen, dass jede notwendige Anpassung aufgrund des Verlustes einer vierzigjährigen Ehe in ein paar Monaten gemacht werden kann. Obwohl diese Herausforderungen gleich nach ihrem Tod begannen, dauern sie bis heute an und ein Ende ist nicht in Sicht.

Mit jeder neuen Anpassung merke ich jedoch, wie ich stets ganz langsam auf ein Leben ohne Gayle zukrieche. Und auch wenn es unendlich schmerzlich ist, die Worte „Leben ohne Gayle" auch nur zu schreiben, ist es absolut notwendig, dass ich diesen Weg gehe.

Ich wage nicht, mir vorzustellen, wie viele dieser Herausforderungen noch auf mich zukommen, oder zu schätzen, wie lange dieser Prozess noch dauern wird. Stattdessen versuche ich, einen Tag nach dem anderen zu bewältigen oder teilweise auch nur eine Minute oder eine Stunde nach der anderen, während ich mich unter Gebet mit jeder neuen Anpassung befasse. Wie gewaltig diese Aufgabe auch sein mag, jetzt habe ich wenigstens die Erfolgsgeschichte der vergangenen Monate seit Gayles Tod, die mir zeigt, dass ich jede neue Herausforderung mit einem gewissen Erfolg bearbeiten kann.

Deine Anpassungen

Anpassungen müssen beinahe sofort nach dem Verlust vorgenommen werden. Kochen zu lernen, sich um die regelmäßige Instandhaltung des Hauses oder des Autos zu kümmern, allein zu schlafen oder wichtige Dokumente in Ordnung zu halten, dies alles kann schwierig sein. Scheinbar kleine Dinge können große Anpassungen erfordern. Das alles ist schwer, aber auch unvermeidlich und notwendig.

Nur wenige dieser Anpassungen, wenn überhaupt irgendwelche, fallen leicht. Jede ist eine Erinnerung an deinen Verlust und an das immense Gefühl von Leere und Einsamkeit, das ihn begleitet. Aber selbst beim Bewerkstelligen der kleinsten dieser Veränderungen kannst du die Tatsache feiern, dass du ein bisschen stärker bist, als du vorher dachtest.

Feier jeden neuen Erfolg, egal wie unbedeutend er scheint. Einen Tag nach dem anderen, einen Schritt nach dem anderen kommst du vorwärts.

Manche mögen sich Gedanken darüber machen, dass das Feiern eines Meilensteins auf dem Trauerweg dem Verstorbenen gegenüber respektlos sei. Ich möchte dich an Folgendes erinnern: Während deine Trauer zunächst eine angemessene Würdigung deines geliebten Menschen ist, verlagert gesunde Trauer diese Würdigung durch das Trauern hin zu einem neuen Andenken, das in einem erfüllten Leben gefunden wird. In den meisten Fällen hätte sich der Verstorbene genau diese Art von Respekt von dir gewünscht. Gesunde Trauer wird den Trauernden immer an diesen Punkt bringen. Ein erfülltes Leben wird zum neuen Andenken an den Verstorbenen. Feier deshalb deine Fortschritte. Jede Anpassung ist ein Schritt in Richtung eines gesünderen Andenkens an deinen geliebten Menschen.

Fragen & Impulse

1. Führe weiterhin Tagebuch, um deine Erinnerungen, Gefühle und Erfahrungen festzuhalten.
2. Welche Anpassungen hast du bisher gemacht?
3. Welche Anpassungen werden für dich vermutlich am schwierigsten sein?

6

Überraschungen

Anpassungen sind hart, aber Überraschungen können sich anfühlen wie ein schwergewichtiger Abwehrspieler im Football, der dich von deiner ungedeckten Seite erwischt. Du fällst zu Boden, der Wind wird dir aus den Segeln genommen und in deinem Kopf dreht sich alles, während du dich zu orientieren versuchst. Der Schmerz ist unbeschreiblich! Du fragst dich, was dich da gerade überrollt hat.

Obwohl vieles in deiner Trauererfahrung überraschend kommt, gibt es Dinge, die du erwartest. Ich wusste, Gayles Geburtstag würde schwierig werden, genauso Thanksgiving, Weihnachten, unser Hochzeitstag und der Valentinstag. Ich rechnete auch damit, dass der Jahrestag der ersten Symptome, des Krankenhausaufenthalts, der Diagnose, des Todes und der Beerdigung ebenfalls eine Herausforderung werden würde. Ich wusste, dass meine erste Reise, meine erste Predigt und die erste Aufzeichnung im Fernsehstudio schwer zu ertragen sein würden. Ich erwartete diese Dinge und konnte mich darauf vorbereiten.

Ja, diese erwarteten Ereignisse waren ziemlich schmerzhaft; aber ich wusste, dass sie es sein würden, also war ich vorbereitet.

Aber hin und wieder überrascht mich etwas. Ab und zu werde ich von etwas erwischt, mit dem ich nicht gerechnet habe, und es wirft mich zurück. Das kann ein Lied im Radio sein, etwas, das ein Freund sagt oder tut, oder ein Brief, den ich unerwartet in einer

Kiste voller Krimskrams finde. *Ohne Vorwarnung überrollt mich eine Welle der Gefühle und ich bin nur noch ein zitterndes Häufchen Wackelpudding.*

Ich erlebte eine solche Überraschung, als ich meine Steuererklärung machte. Es war das erste Mal seit Gayles Tod, dass ich sie einreichte. Ich benutze dafür eine Steuersoftware, die einen durch den Prozess führt. Als ich für Gayle „verstorben" anklicken musste, erwischte es mich eiskalt. Dieser einfache kleine Haken brachte mich zum Weinen.

Ich hatte nicht erwartet, dass etwas so Einfaches mich so umhauen würde! Die plötzliche Flut an Emotionen überrollte mich. Diese scheinbar unbedeutende Aufgabe lähmte mich beinahe.

Mit der Zeit werde ich seltener überrascht. Und mit jedem neuen Tag gelingt es mir besser, damit umzugehen. Freude kehrt zurück, Hoffnung ist mir nicht mehr fremd und ich funktioniere wieder auf einem Level, das näher an die Normalität herankommt. Trotzdem ist noch eine Menge Arbeit zu tun. Große Angelegenheiten schmerzen wie verrückt, genau so, wie ich es auch erwartet hatte. Aber diese nervigen Kleinigkeiten verursachen ein unglaubliches Maß an Schmerzen. Ich brauche wirklich keine Überraschungen mehr!

Du wirst versucht sein, die Dinge zu meiden, die dir vermutlich weh tun werden. Ich spreche aus Erfahrung ... Aber es ist unerlässlich, dem Schmerz nicht davonzulaufen. Schmerz ist unvermeidlich und notwendig, wenn du jemals heil werden möchtest. Überraschungen können unangenehm sein, aber indem wir uns jedem neuen Schmerzschub stellen, gewinnen wir Kraft und machen Fortschritte in Richtung Heilung.

Niederschmetternde Überraschungen

Manche Überraschungen sind besser als andere. Du magst von einem Lied in der Gemeinde, einer Zeile in einem Gedicht oder einer Erzählung von einem Freund überrascht werden. Das ist normal und man rechnet damit; und selbst wenn solche Begebenheiten zunächst schmerzhaft sind, können sie dir letzten Endes helfen, Fortschritte zu machen.

Aber manche Überraschungen sind niederschmetternd. Ich denke an eine Frau, die nach dem Tod ihres Ehemanns herausfand, dass er während ihrer Ehe mehrere Affären gehabt hatte. Sie waren über fünfzig Jahre verheiratet gewesen und sie hatte keine Ahnung, dass er ihr untreu gewesen war. Als sie diese Entdeckung machte, trauerte sie um mehr als nur ihren Ehemann. Sie trauerte um den Verlust der Ehe, die sie geglaubt hatte, geführt zu haben. In Wirklichkeit war ihre Ehe ganz anders gewesen.

Ihr Kummer verwandelte sich in Zorn! Sie erzählte mir, sie sei ernsthaft wütend auf ihren Ehemann, die anderen Frauen in seinem Leben und sogar auf sich selbst, weil sie so leichtgläubig gewesen war. Sie brauchte sehr lange, um diese neue Realität zu akzeptieren, ihren Ärger loszulassen und Heilung zu erfahren. Solche niederschmetternden Überraschungen verkomplizieren die Trauer ungemein.

Angenehme Überraschungen?

Doch nicht alle Überraschungen sind schlecht. Eine gute Freundin, selbst Witwe, schickte mir eine Nachricht. Sie hatte ihren Ehemann verloren, ein paar Jahre bevor ich Gayle verlor, also ist sie in ihrem Prozess der Trauerbewältigung weiter als ich. Sie erinnerte mich daran, dass nicht alle Überraschungen schlecht sind.

Meine Freundin berichtete von Renovierungen, die sie in ihrem Haus durchführen lässt. Bevor die Teppichverleger sich an die Arbeit machten, räumte sie einige Sachen aus, um die Möbel leichter verschieben zu können. Dabei fand sie zufällig einige Unterlagen, die ihr verstorbener Ehemann beiseitegelegt hatte. Sie war überrascht von den Funden – Dinge wie sein privates Flugbuch – und entzückt, seine Handschrift zu sehen. Es war eine Überraschung, die ihr ein Lächeln ins Gesicht zauberte, schöne Erinnerungen wach werden ließ und ihr einen Moment der Freude schenkte.

Die Erzählung meiner Freundin erinnerte mich an angenehme Überraschungen, die ich seit Gayles Tod erlebt habe. Menschen, die weder Gayle noch ich vorher getroffen hatten, erzählten mir von dem positiven Einfluss, den Gayle auf ihr Leben hatte. Besonders Frauen berichteten mir, dass diese hübsche, selbstbewusste christliche Frau, die sie im Fernsehen gesehen hatten, sie dazu inspirierte, stärkere Persönlichkeiten zu werden.

Eine weitere Überraschung erlebte ich, als ich Kartons in Gayles Kleiderschrank durchsah. Ich fand einen Brief, der fast vierzig Jahre lang ordentlich verstaut gewesen war. Es war ein Brief, den Gayle zum Anlass unseres zweiten Hochzeitstags an Gott geschrieben hatte. Datiert auf den 28. Dezember 1977 enthielt der Brief eine Auflistung dessen, was Gayle als meine positiven Eigenschaften betrachtete. Sie dankte Gott für mich, meine positiven Charakterzüge und die Liebe, die wir füreinander empfanden.

Der Brief war eine angenehme Überraschung. Ich hatte nichts von seiner Existenz gewusst und ihn zu finden schenkte mir Freude, Dankbarkeit und eine andere Art von Tränen. Es war selbstverständlich eine positive Überraschung, aber dennoch provozierte sie Tränen.

Ich habe mit Sicherheit noch viele Überraschungen vor mir. Einige Überraschungen werden negativ sein und andere positiv. Im Augenblick münden die meisten Überraschungen beider Varianten ins Weinen. Doch ich freue mich schon auf den Tag, wenn ich wie meine Freundin von jeder angenehmen Überraschung zu einem Lächeln bewegt werde.

Fragen & Impulse

1. Wie lauten die letzten Einträge in deinem Tagebuch?
2. Was hat dich in Zusammenhang mit deinem Verlust am meisten überrascht?
3. Hast du angenehme Überraschungen erlebt? Wenn ja, welche waren das?

7

Erwartungen und Kritik

Wir haben für gewöhnlich unsere ganz eigenen Erwartungen, wo wir stehen sollten und wie schnell wir Fortschritte machen sollten. Unsere Familienmitglieder und Freunde haben ebenso ihre eigenen Erwartungen. Unterschiedliche Erwartungen können den Weg sehr stark erschweren.

Hier ist ein Blogartikel, den ich zu diesem Thema verfasst habe:

„Wie geht es dir?“

Die ehrliche Antwort lautet: „Sehr, sehr schlecht!“

Aber es soll mir ja auch sehr, sehr schlecht gehen, also vermute ich, die beste Antwort wäre: „Den Umständen entsprechend.“

Meistens hilft das Wissen davon, was die Bibel über Tod, Auferstehung und Wiedersehen lehrt, wenig, um den Schmerz zu unterdrücken. Ich weiß, dass diese Dinge wahr sind, aber sie tragen nicht dazu bei, Gayle jetzt sofort zurückzubringen, und das ist es, was ich will. Zu wissen, dass ich sie einmal wiedersehen werde, ist wunderbar, aber trotzdem tut es jetzt weh.

Ebenso weiß ich als Seelsorger und Berater, der Trauerbewältigungsseminare gegeben und vorher bereits Trauer erfahren hat, dass die Symptome, die ich erlebe, ganz normal sind. Das zu wissen schmälert die Symptome nicht. Es versichert mir nur, dass ich normal bin. Aber dann wiederum ist normal im Augenblick total ätzend.

Viele Menschen, die entweder gerade frisch und tief trauern oder vor Kurzem an diesem Punkt gewesen sind, haben mich kontaktiert. Ich finde es erstaunlich, wie viele von ihnen mir dafür danken, dass ich ehrlich darüber berichte, wie ich mich fühle. Sie erzählen mir, dass viele Leute ihre Erfahrung herunterspielen wollen oder sie ganz und gar ignorieren. Das kann den Schmerz eines Menschen noch vergrößern.

Trauer ist real und jeder erlebt sie irgendwann in seinem Leben. Die wirklich großen Verluste überwinden wir in gewisser Weise nie. Sie verflüchtigen sich mit der Zeit, aber sie sind niemals wirklich vorbei. Sie bleiben bis zum eigenen Tod oder bis zur Auferstehung und zum Wiedersehen. Und dies macht die biblischen Lehren so wertvoll für mich.

Also, wie geht es mir? Den Umständen entsprechend.

Im Folgenden noch ein anderer Blogartikel, der die Vorstellungen von Erwartungen verdeutlicht. In diesem Post erzählte ich die Geschichte eines Telefonanrufs aus dem Hospiz, dessen Mitarbeiter Gayle während ihrer letzten Tage gepflegt hatten.

Gestern rief mich jemand aus dem Faith Hospice an. Das ist die Organisation, die Gayle während ihrer letzten Tage bei uns zu Hause gepflegt hat. Die Dame fragte, wie es uns gehe. Hier die Unterhaltung.

Ich: „Uns geht's miserabel! Aber es geht uns angemessen miserabel. Wir sind alle traurig und weinen und fühlen uns verloren, aber das ist das, was jetzt gerade passieren soll."

Nette Dame: „Das stimmt."

Ich: „Doch so wie ich die Situation einschätze, würde ich sagen, im Augenblick sind wir Trauernde mit geringem Risiko. Wir bringen alle unseren Schmerz zum Ausdruck und weinen ungehemmt voreinander. Wir unterstützen uns gegenseitig, sprechen offen über Gayle, bestätigen uns, dass unsere Gefühle ganz normal sind, und stehen uns als Familie sehr nahe. Genauso ist unser Glaube stark geblieben, also denke ich wirklich, wir haben im Augenblick ein geringes Risiko."

Nette Dame: „Mir ist gerade die Kinnlade runtergefallen! Ich arbeite nun schon eine ganze Weile in meinem Beruf, aber noch nie hat jemand solche Worte zu mir gesprochen. Es hört sich so an, als sitze ich in einer Teambesprechung mit den Sozialarbeitern, den Pflegern und dem Seelsorger. So etwas hat wirklich noch nie jemand zu mir gesagt und ich weiß gar nicht, was ich jetzt sagen soll."

Ich: „Nun ja, ich habe dieselbe Arbeit geleistet wie Sie. Ich war Seelsorger in einem Hospiz und habe Familien nach einem Verlust bei der Trauerbewältigung unterstützt. Und ich bin Berater und Pastor."

Nette Dame: „Wunderbar! Sie sind ein Paradebeispiel für ihren Beruf. Sie leben ganz sicher, was Sie predigen."

Ich: „Gayle war Pastorin. Eine unserer Töchter ist Beraterin und die andere ist Lehrerin, die gerade ihren Beruf wechselt und auch Pastorin wird. Wir haben also offenbar alle Berufe, die in diese Richtung weisen. Als Familie stehen wir uns sehr nahe und das hilft. Aber hauptsächlich ist uns der Glaube eine echte Stütze."

Nette Dame: „Ich kann es kaum erwarten, meinem Team von unserer Unterhaltung zu erzählen! Ich habe angerufen, um Sie aufzumuntern, aber Sie haben mich aufgemuntert!"

Ich: „Ich danke Ihnen für Ihren Anruf."

Nette Dame: „Nein, ich danke Ihnen!"

Es war eine nette Unterhaltung, wirklich. Sie half mir zu erkennen, dass es uns - obwohl es sehr, sehr weh tut - wahrscheinlich so gut geht, wie man es erwarten kann. Danke, Jesus!

Nicht alle Angelegenheiten rund um Erwartungen sind so einfach und kurzweilig wie diese Konversation. Manche sind viel komplizierter und schmerzhafter. Am meisten tut es weh, wenn Menschen eine schnelle Lösung für dein Problem liefern wollen oder dich für den Ausdruck deiner Trauer kritisieren.

Ich habe die meisten Leute als konstruktiv, liebevoll und hilfsbereit erlebt. Doch bei dem Versuch, helfen zu wollen, können auch Menschen mit guten Absichten Dinge tun oder aussprechen, die Unbehagen auslösen. Ich weiß, sie lieben mich und möchten mich glücklich sehen, also fällt es mir schwer, mich zu wehren, denn sie haben ja gute Absichten.

Nachdem ich meiner Trauer und meinem Schmerz durch das Schreiben Ausdruck verliehen hatte, äußerten sich einige Leute dahingehend, Gayle wolle nicht, dass ich so traurig sei, und ich müsse wieder heiraten. Dem widerspreche ich in mindestens zwei Punkten.

Erstens, Gayle *würde* wollen, dass ich so unglücklich bin, zumindest zu diesem Zeitpunkt.

Die durchschnittliche Zeit für die Bewältigung eines bedeutenden Verlustes beträgt ein bis zwei Jahre; aber selbst dann bleiben manche Schmerz- und Leiderfahrungen ein Leben lang. Traurigkeit, Kummer und Schmerz sind normale und notwendige Trauererfahrungen. Vielmehr noch: Solltest du diese Dinge *nicht* erleben, ist die Wahrscheinlichkeit groß, dass du nicht angemessen trauerst. Dein Versäumnis, auf eine gesunde Art und Weise zu trauern, wird letztendlich einen hohen Preis von dir fordern. Die Faustregel besagt, dass du besser mit der Trauer umgehst, wenn du intensiv und früh trauerst. Dies beinhaltet Gefühle von Traurigkeit und echtem Schmerz.

Weil Gayle also letztendlich wollen würde, dass ich auf eine gesunde Art und Weise trauere – da dies die größte Chance bietet, wieder ganz heil zu werden –, *würde* sie wollen, dass ich so lange unglücklich bin, wie es für meine vollkommene Wiederherstellung nötig ist. Sie würde es wollen, denn sie würde wollen, dass ich emotional, physisch und spirituell gesund bin und gesunde Beziehungen führe.

Zu behaupten, ich dürfe einen gewissen Grad an Schmerz nicht erleben, suggeriert, Trauer sei ein Wettbewerb; diejenigen, die eine gewisse Art von Verlust erfahren haben, sollten nur einen dazu passenden Grad an Schmerz erleben, während jene, die eine andere Art von Verlust erfahren haben, eine andere Ebene an Schmerz erreichen sollten. Ich finde diese Vorstellung grotesk.

Zweitens impliziert die Aussage, dass eine erneute Heirat das Heilmittel für meine Traurigkeit sei.

Außer Prediger des Evangeliums bin ich auch noch geschulter Eheberater. Ich bin ausgebildet und sehr erfahren in den beiden Bereichen Trauer und Ehe (obwohl diese beiden ursprünglich nicht dazu gedacht waren, Hand in Hand zu gehen). Etwas, das ich Paaren mitteile, die heiraten wollen, ist, dass die Ehe nie dazu gedacht war, die Traurigkeit, die Unzufriedenheit, die Einsamkeit, den Kummer und die Gebrochenheit des Einzelnen zu beheben. Solltest du unverheiratet sein und sollten diese Worte deinen Zustand exakt beschreiben – heirate nicht! Bitte! Die Ehe wird diese Probleme nicht lösen.

Die Ehe wurde ausgelegt für einen glücklichen Menschen, der sich danach sehnt, seine Freude mit einem anderen glücklichen Menschen zu teilen. Die Ehe soll ein Ort sein, an dem die gemeinsamen Ziele, Träume, Visionen und Absichten ausgelebt werden. Sie bietet die Möglichkeit, im gemeinsamen Dienst aufzugehen. Die Ehe ist der perfekte Ausdruck geteilter Freude!

Im ersten Jahr nach dem Verlust umfasste meine vorherrschende Gefühlslage Kummer, Leere, Einsamkeit und Traurigkeit. Es wäre für mich nicht ratsam gewesen, zu der Zeit erneut zu heiraten. Als diese Gefühle nachließen und die Freude wieder das vorherrschende Element meiner emotionalen Befindlichkeit wurde, war auch die Wiederheirat eine Option.

Wenn du deinen Ehepartner verloren hast und der Tag kommt, an dem du darüber nachdenkst, wieder zu heiraten, sollte deine Motivation für diese Heirat deine Sehnsucht sein, dein Leben, deinen missionarischen Dienst und deine Freude mit einem anderen Menschen zu teilen. Bis dahin solltest du alleine bleiben. Gott hat dich bis hierher geführt und ich bin absolut überzeugt davon, dass er dich weiterhin leiten wird – durch die Wochen, Monate und auch Jahre, die noch vor dir liegen.

Kritik

Als ich meinen Trauerweg öffentlich auf Facebook teilte, kritisierte eine Leserin diese öffentliche Darstellung meines Leids, indem sie behauptete, ich würde nach Aufmerksamkeit haschen.

Sie sagte, es gebe Leute, die viel schlimmere Probleme hätten als ich, und ich solle dankbar sein, so eine großartige Ehe gehabt zu haben. Sie meinte, ich solle froh sein, gesund zu sein und einen Arbeitsplatz zu haben.

Auch wenn vieles von dem, was sie schrieb, wahr ist, tat es mir trotzdem sehr weh. Ich bin zu der Überzeugung gelangt, dass diese Kritik von einem falschen Verständnis des Trauerprozesses herrührt. Trauer ist etwas, mit dem viele Menschen in Nordamerika und im Norden Europas nicht besonders gut umgehen können. Negative Gefühlsausbrüche sind verpönt. Weiße Amerikaner fühlen sich dabei sehr unwohl. Dies ist einer der Gründe dafür, warum die meisten weißen Amerikaner so schlecht mit Trauer umgehen können.

Viele Menschen aus anderen ethnischen Gruppen in den USA und im Ausland fühlen sich viel freier, ihrem Schmerz Ausdruck zu verleihen. Deshalb können sie mit ihrer Trauer viel besser umgehen als ihre weißen Mitmenschen. Die Wissenschaft bestätigt das. Natürlich sind das nur sehr grobe Verallgemeinerungen und man kann sie nicht auf die gesamte Bevölkerung anwenden, aber ich stehe zu der Aussage, dass sie im Allgemeinen zutreffend sind.

Der recht öffentliche Ausdruck meines Kummers war lediglich ein Versuch, auf eine gesunde Art und Weise mit meinem Schmerz umzugehen. Als Berater, Seelsorger und Leiter von Trauerbewältigungskursen weiß ich, was die wissenschaftliche Forschung sagt, und versuche, das zu praktizieren, was ich schon immer gepredigt habe. Öffentliche Darstellungen sollten keinesfalls als Versuch, Mitleid zu erregen, gesehen werden oder implizieren, dass der Verlust oder das Leid des einen größer oder tiefer ist als das eines anderen. Es sollte auch nicht den Eindruck erwecken, das Leben eines Trauernden sei trotz seines Verlustes nicht auch gesegnet. Ich wurde durch einen Vorfall, der sich am Ende von Gayles Leben ereignete, daran erinnert, wie sehr ich gesegnet bin.

Als Gayle wusste, dass sie sterben würde, fragte ich sie, ob sie wütend sei. Ihre Antwort lautete in etwa: „Ich hatte sechzig Jahre eine makellose Gesundheit, während andere nicht einmal einen Tag haben. Ich hatte vierzig Jahre eine fantastische Ehe und Aufgabe, während die meisten diese Freuden gar nicht kennen. Ich hatte wundervolle Kinder, Enkelkinder, Verwandte und Freunde. Sollte ich wütend sein, weil dies nur sechzig Jahre gehalten hat und nicht achtzig? Für mich würde das bedeuten, undankbar zu sein."

Ich teile Gayles Empfindung. Mein Leben war und ist über alle Maße gesegnet. Ich habe Segnungen erfahren, die ein Großteil der Welt nie kennen wird. Ich bin *nicht* zu bemitleiden.

Aber ich habe einen großen Verlust erlitten. Ich habe mich dazu verpflichtet, diesen Verlust so gut es geht auf eine gesunde Art und Weise zu betrauern. Das beinhaltet bisweilen die öffentliche Darstellung meines Schmerzes.

Kritik, und sei sie auch gerechtfertigt, ist selten hilfreich für jemanden, der trauert. Egal ob die Bemerkungen dieser Person zutreffend waren oder nicht, sie fügten mir viel Leid zu und sie halfen mir in meiner Trauerbewältigung überhaupt nicht weiter. Darum entschied ich mich dafür, diesen Kommentaren nicht zu viel Aufmerksamkeit zu widmen.

Den Erwartungen anderer zu viel Aufmerksamkeit zu schenken, kann einen zerstören. Während es wichtig ist, auf diejenigen zu hören, denen man vertraut, ist es nicht notwendig, rein kritischen Stimmen Gehör zu schenken.

Als mein Onkel Fred starb, gab es keine Beerdigung, und seine Ehefrau Gladys ließ ihn einäschern. Das war sein und ihr Wunsch.

Meine Schwester Vicki blieb nach der Trauerfeier bei Tante Gladys. Sie erzählte Vicki, dass einige Leute aus der Gemeinde meinten, es sei falsch gewesen, Fred einäschern zu lassen und keine Beerdigung durchzuführen. Tante Gladys fragte Vicki, was sie denke, und Vicki antwortete, sie solle das tun, womit sie sich am wohlsten fühle. Es zähle nur das, was sie und Onkel Fred dachten und fühlten. Diese einfachen Worte halfen Tante Gladys, sich mit ihrer Entscheidung besser zu fühlen.

Unrealistische Erwartungen an sich selbst zu haben, kann außerdem genauso zerstörerisch sein, wenn nicht sogar noch zerstörerischer. Vor allem ist es wichtig, die Erwartungen niedrig zu halten und zu lernen, wie man umsichtig mit sich selbst ist. *Trauer ist anstrengend und braucht Zeit.*

Fragen & Impulse

1. Welche Erwartungen an dich und deinen Trauerprozess haben andere zum Ausdruck gebracht? Waren diese Erwartungen hilfreich oder verletzend für dich?
2. Welche Erwartungen hast du an dich selbst? Sind sie realistisch?

8

Tempo

Ein weiteres Problem ist die Tatsache, dass Menschen in unterschiedlichem Tempo trauern. Dies ist einer der Gründe, warum die Scheidungsrate bei Paaren, die ein Kind verloren haben, so hoch ist. Trauer isoliert Menschen tendenziell und das führt zu innerer Zurückgezogenheit. Wenn der Ehemann und die Ehefrau in einem unterschiedlichen Tempo trauern und der eine schneller Fortschritte macht als der andere, dann kann das Ergebnis außerdem noch eine sehr starke Entfremdung und ernsthaft verletzte Gefühle sein.

Wenn du eine Familie hast, die um denselben Menschen trauert wie du, dann kannst du nicht nur in deinem eigenen Tempo trauern. Einige Dinge kannst du in deiner eigenen Geschwindigkeit tun, andere wiederum nicht. *Ihr müsst in eurer Trauer zusammenarbeiten.*

Ich bin vielleicht bereit, gewisse Dinge zu tun; doch wenn meine Kinder oder Enkelkinder es nicht sind, dann werde ich diese Dinge jetzt noch nicht tun. Natürlich gilt auch der umgekehrte Fall.

Auch gibt es Dinge, die vielleicht ich noch nicht tun möchte, aber für meine Kinder oder Enkelkinder ist es wichtig, dass ich diese Dinge tue. Ein Beispiel dafür ist das Dekorieren des Hauses für Weihnachten. Ich würde es am liebsten ausfallen lassen, aber meine Enkel wünschen sich die Dekoration im Haus. Also haben meine Töchter, gemeinsam mit meinen Enkelkindern, mein Haus dekoriert.

Ein weiteres Beispiel für das Trauern in unterschiedlichem Tempo ist der Umgang mit dem Besitz des Verstorbenen. Mir ist Besitz nicht so wichtig. Meine Erinnerungen haben wenig mit dem zu tun, was ich besitze. Darum würde ich mein Leben lieber vereinfachen und mich von vielen materiellen Dingen trennen. Das wären zum Beispiel Kristallschalen, Krüge und Gläser. Ich habe keine Gäste zu bewirten und habe somit keine Verwendung für diese Dinge. Ich fände es besser, wenn meine Kinder das mitnehmen würden, was ihnen gefällt, und ich Wege fände, den Rest zweckmäßig zu entsorgen. Aber meine Kinder sind vielleicht noch nicht so weit, diesen Schritt zu gehen. Wenn ich irgendeinen Widerstand ihrerseits verspüre, verschiebe ich den Prozess, bis wir *alle* so weit sind.

Es ist wirklich nicht schwer, diese Dinge aufzuschieben und zurückzustellen, um sicherzugehen, dass die ganze Familie in einem Tempo trauert, mit dem sich alle wohlfühlen.

Es schadet mir nicht, diese Zugeständnisse zu machen. Es hilft meiner Familie sogar, wenn ich bereit bin, mich ihren Bedürfnissen anzupassen. Sie haben das Gleiche natürlich auch für mich getan. Auf diese Weise vermeiden wir die trennenden Streitigkeiten, die so häufig nach einem Verlust auftreten, und verfolgen stattdessen einen gesünderen Kurs für unsere Trauer als Familie.

Niemand kann dir genau sagen, wie lange deine Trauer anhalten sollte, und auch nicht, wann du von einer Phase der Trauer zur nächsten übergehen solltest. Allgemein erdulden die meisten Menschen intensive Trauer für ein bis zwei Jahre. Aber diese Zahl ist nicht in Stein gemeißelt. Es ist möglich, schneller zu sein oder sich langsamer zu bewegen und trotzdem im gesunden Bereich zu bleiben.

Wenn andere in deiner Familie oder deinem direkten sozialen Umfeld denselben Verlust betrauern, dabei aber ein Tempo haben, das sich von deinem unterscheidet, dann ist es wichtig, sich aufeinander einzustellen. Ebenso wichtig ist, dich selbst nicht unter Druck zu setzen, um in einem Tempo zu trauern, das dem der anderen entspricht. *Kurz gesagt: Trauere in dem Tempo, das sich für dich richtig anfühlt, und erlaube anderen, dasselbe zu tun.*

Fragen & Impulse

1. Vergiss nicht, regelmäßig in dein Tagebuch zu schreiben. Denk daran, deine Erinnerungen, Gefühle und Erfahrungen festzuhalten.
2. Wenn es Menschen gibt, die dir nahestehen und die um denselben Verlust trauern, hast du das Gefühl, dass sie schneller, langsamer oder im gleichen Tempo trauern?
3. Wenn sie in einem anderen Tempo trauern, betrifft dich das? Warum oder warum nicht?

9

Schuld

Kommen wir jetzt zum Problem der Schuld. Dies ist eins der größten Hindernisse, die einem auf dem Weg der Trauer begegnen. Schuld kann dich überwältigen und deinen Fortschritt erheblich behindern.

Schuldgefühle können aufkommen, weil in einer Beziehung gewisse Dinge gesagt oder getan wurden oder eben nicht gesagt oder nicht getan wurden. Du kannst dich schuldig fühlen, weil dein geliebter Mensch gestorben ist und du noch lebst, schuldig, weil du fröhlich bist, oder schuldig, weil du so lange trauerst. Deine Schuldgefühle können realistisch oder unrealistisch sein.

Ich erinnere mich daran, wie jemand zu mir sagte: „Es ist schön, dein Lächeln wiederzusehen." Obwohl ich mich freute, dass mein Freund das gesagt hatte, fühlte ich mich für den Bruchteil einer Sekunde schuldig. Es war fast so, als sei mein Lächeln – mein vorübergehendes Glücksgefühl – ein Verrat an Gayles Liebe.

Ich weiß, das ist unsinnig. Mir ist klar, dass letzten Endes die Freude zurückkehrt, wenn wir trauern. Es geschieht nicht mit einem Mal und es wird vielleicht niemals so, wie es früher war, aber sie kehrt zurück. Und es ist wahrscheinlicher, dass die Freude ein wenig früher zurückkehrt, wenn du deine Trauer angemessen verarbeitest. Es hilft, intensiv und früh zu trauern. Ich weiß, wovon ich rede; ich habe genau das umgesetzt. Ich habe es teilweise aus dem Grund getan, um den Weg für Gesundheit,

Heilung und schließlich Freude zu ebnen. Doch als die Freude wie ein täglich grüßendes Murmeltier den Kopf aus dem Loch der Trauer steckte, fühlte ich mich schuldig, dass der Frühling eventuell zurückkehren könnte.

Wir trauern, weil wir geliebt haben. Je mehr wir lieben, desto mehr trauern wir. Und du wirst tatsächlich für den Rest deines Lebens nie wirklich aufhören zu trauern. Aber intensives Trauern sollte nicht für immer anhalten. Intensives, niederschmetterndes Trauern, bei dem wir uns die Augen ausweinen und morgens nicht aufstehen können, sollte irgendwann den Weg freigeben für eine weniger heftige Variante des Kummers. So sollte es typischerweise ablaufen.

Als man mich zu meinem Lächeln beglückwünschte, stellte ich mich meiner Schuld. Ich hinterfragte sie und erkannte, dass sie fehl am Platz war. Ich versuche, mich davon zu befreien.

Der Kummer ist nicht vorüber. Aber ich muss mich eines kurzen Anflugs von Freude nicht schämen. Und sollte ich die harte Arbeit der Trauer fortführen, wird die Freude vielleicht irgendwann wieder dauerhaft einen Platz in meinem Leben einnehmen.

Ich habe beschlossen, meine Trauer nicht durch unnötige, unangebrachte Schuld zu verkomplizieren. Trauer allein ist schon schwierig genug.

Schuld manifestiert sich auch auf eine andere Art, die ich als „falsche Schuld" bezeichne. Schuld kann gut sein. Wenn wir jemanden verletzen oder etwas tun, das gegen einen Moralkodex oder unseren Sinn für richtig und falsch verstößt, dann *sollten* wir uns wirklich schuldig fühlen. Diese Art der Schuld kann uns dazu bewegen, Wiedergutmachung für unser Verhalten zu leisten, um Verzeihung zu bitten und unsere Reue zum Ausdruck zu bringen. Vor allem kann sie uns motivieren, unser Verhalten zu verändern. Wenn wir uns nicht schuldig fühlen, dann ist es wahrhaft unwahrscheinlich, dass wir uns zum Positiven verändern.

Und was ist mit den Fällen, in denen wir uns schuldig fühlen wegen etwas, das unrealistisch ist? Dazu im Folgenden ein Beispiel.

Ich sprach mit einer Krankenschwester, deren Mann an Krebs gestorben war. Sie sagte: „Ich fühle mich einfach so schuldig!"

„Schuldig? Weshalb schuldig?", fragte ich.

„Ich hätte wissen müssen, dass es Krebs ist."

Ich fragte: „Bei wie vielen Ärzten waren Sie mit Ihrem Mann, bevor Sie die Diagnose erhielten?

„Vier", antwortete sie.

Ich fuhr fort: „Haben diese Ärzte Blutuntersuchungen, Computertomografien, MRTs und andere Untersuchungen gemacht?"

„Nun ja, das haben sie. Sie haben viele Untersuchungen gemacht", lautete ihre Antwort.

Ich fragte: „Und nach den ganzen Scans, Röntgenbildern, Bluttests, Biopsien und sonstigen Untersuchungen, wie lange haben diese vier Ärzte gebraucht, bis sie Ihnen die richtige Diagnose mitteilten?"

„Vom ersten Arztbesuch bis zur Diagnose waren es fast sechs Wochen."

Ich legte die Stirn in Falten, wagte mich vor und sagte: „Also, vier Ärzte mit all ihrem Wissen, ihrer Erfahrung und ihrer verfügbaren Medizintechnik und den Laboren brauchten fast sechs Wochen, um herauszufinden, was mit Ihrem Mann nicht stimmte, aber Sie hätten es wissen müssen? Wie können Sie erwarten, es zu wissen?"

„Ich bin Krankenschwester und seine Frau!"

Diese Frau litt unter falscher Schuld. Es war unrealistisch, dass sie hätte wissen müssen, dass ihr Mann Krebs hatte. Und selbst wenn sie es gewusst hätte, bleibt die Frage, ob das Ergebnis ein anderes gewesen wäre. Genau das sagte ich ihr und wies sie darauf hin, dass die einzige Möglichkeit, wie sie das hätte wissen können, darin bestünde, Gott zu sein – und diese Position ist bereits vergeben.

Falsche Schuld wirkt zerstörerisch, weil es dabei nichts gibt, das man bekennen oder verändern kann. Es ist ein überwältigendes Gefühl des Versagens und der Verantwortung für etwas, das ganz klar außerhalb unseres Einflussbereichs liegt. Es gibt keine andere Befreiung von dieser Art der Schuld, als sie zu erkennen und dann loszulassen.

Falsche Schuld behindert den Trauerprozess, erschwert es, die Realität zu akzeptieren, und zerstört ein bereits angeknackstes Selbstwertgefühl. Falsche Schuld aufzudecken und von sich zu weisen, ist wichtig für den Bewältigungsprozess.

Fragen & Impulse

1. Tagebucheinträge sind wichtig. Denke, schreibe, rede und weine weiterhin.

2. Fühlst du dich schuldig? Es kann hilfreich sein, über diese Gefühle zu schreiben. Weswegen fühlst du dich schuldig?

3. Ist es dir möglich zu differenzieren, ob diese Schuldgefühle falsche Schuld oder wahre Schuld beinhalten? Wenn du dir nicht sicher bist, frag jemanden um Rat, dem du vertraust.

10

Unbehagen

Ein bedeutender Verlust lässt dich hinterfragen, wer du wirklich bist. Deine Identität verändert sich komplett. Du hast dich als Teil der Person gesehen, die verstorben ist; und jetzt, wo dein geliebter Mensch nicht mehr da ist, verschiebt sich deine Persönlichkeit. Aber wohin verschiebt sie sich?

Es dauert eine Weile, das herauszufinden, und bis es so weit ist, fühlst du dich neben der Spur. Das beste Wort dafür, das mir in den Sinn kommt, ist *unbehaglich*. Es beschreibt das Gefühl nur unzureichend, aber es muss vorerst genügen.

In dem Moment, als ich Gayle verlor, begann für mich die Unbehaglichkeit. Ich war am Ende. Meine Identität war weg. Ich war über vier Jahrzehnte Gayles Ehemann, Freund und Arbeitskollege gewesen. Wer war ich jetzt? Die meisten unserer Freunde waren „Paarfreunde". Die wenigen Gelegenheiten, bei denen ich mit ihnen zusammen war, war es zumindest für mich offensichtlich, dass ich nicht mehr dazu passte. Ich kann nicht sagen, ob meine Freunde das auch so empfanden, aber mir ging es definitiv so. Es war unbehaglich.

Formulare auszufüllen, die Steuererklärung zu machen, Lebensmittel einzukaufen, Weihnachtseinkäufe, Geburtstage, Kirchenveranstaltungen, Menschen vorgestellt zu werden und alles mögliche andere können entweder einen einzelnen unbehaglichen Moment oder noch Schlimmeres mit sich bringen.

Wenn du die ersten Male in solche Situationen gerätst, wird es dir fast schwindelig. Es fühlt sich an, als hättest du einen Albtraum, aus dem du nie zu erwachen scheinst.

Familientreffen waren anders wegen Gayles Abwesenheit. Zwar waren alle angesichts ihres Todes betroffen, doch war ich derjenige, den es am härtesten traf und der die größten Probleme damit hatte, eine neue Familienidentität ohne Gayle zu finden. Besuche bei Gayles Familie fühlten sich merkwürdig an. Sie hatten absolut nichts getan, um in mir dieses Gefühl hervorzurufen, sie gaben sich sogar sehr viel Mühe, mich wissen zu lassen, dass ich nach vierzig Jahren gewiss ein Teil der Familie sei, auch ohne Gayle. Doch ich spürte eine Veränderung der Identität und es war, vorsichtig gesagt, unbehaglich.

Sogar in meiner eigenen Familie fühlte es sich anders an, auf die Enkelkinder aufzupassen, für sie und für mich. Zum Essen zu einer meiner Töchter zu fahren, fühlte sich unvollständig an. Und für ein Familienfoto in die Kamera zu lächeln, war eine echte Herausforderung.

Ständig hatte ich das Gefühl, ich stünde neben mir. Gottesdienstbesuche, Predigten, gesellige Gelegenheiten, Feiertage, Reisen und Eheseminare zu halten, alles fühlte sich ohne Gayle seltsam an. Und ich will gar nicht erst anfangen vom Leben in einem Haus ohne Gayle. In meinem Bett zu schlafen und meine Mahlzeiten ohne Gayle einzunehmen – *unbehaglich* ist noch harmlos ausgedrückt!

Mit der Zeit lässt das Gefühl, fehl am Platz zu sein, nach. Und trotzdem: Immer dann, wenn ich denke, mich daran gewöhnt zu haben, werde ich von einer neuen Situation überrascht, die mir wieder verdeutlicht, dass meine Identität sich dramatisch verändert hat, und der ganze Prozess fängt von vorne an.

Irgendwann werden neue Identitäten gebildet, eine neue Normalität wird erlernt und du fühlst dich in neuen Beziehungsstrukturen wohler. Aber dieser Prozess dauert ein Weilchen, und die Gefühle der Unbehaglichkeit sind immer noch da. Ich sehne mich ernsthaft danach, endlich zu einer neuen Normalität zu gelangen und die Unbehaglichkeit vor die Tür zu setzen! All das wird vermutlich mit der Zeit von selbst kommen.

Ich habe beschlossen, das Einzige zu tun, was ich tun kann. Ich werde mich weiterhin unbehaglichen Situationen stellen, statt sie zu meiden. Ich werde mich ihnen stellen, Pläne dafür machen und diesen Prozess üben – mit jeder neuen unbehaglichen Situation, die sich mir bietet.

Fragen & Impulse

1. Denke, schreibe, rede und weine weiterhin.
2. Welche unbehaglichen Erfahrungen hast du während deines Trauerprozesses gemacht?
3. Welche neue Identität und Normalität erlebst du?

11

Einsamkeit und Gesellschaft

Einsamkeit ist ein unausweichlicher Teil des Lebens. Für Trauernde kann die Einsamkeit erdrückend sein. Dies ist besonders dann der Fall, wenn der Mensch, den du verloren hast, ein wichtiger Teil deines alltäglichen Lebens war.

Gayle und ich waren fast vierundzwanzig Stunden am Tag zusammen, sieben Tage die Woche. Es kam selten vor, dass ich ohne sie auf Reisen war, dass wir nicht als Team zusammenarbeiteten und dass wir unsere Freizeit nicht gemeinsam verbrachten. Als Gayle starb, war ich plötzlich allein. Meine Einsamkeit war genauso schmerzhaft wie unausweichlich.

Meine vielen Reisen verschlimmerten meine Situation noch. Gayle und ich waren normalerweise zwischen hundertachtzig und zweihundertzwanzig Tagen im Jahr auf Reisen. Diese vielen Reisen machten es fast unmöglich, viel von der kirchlichen Gemeinschaft zu haben oder die wunderbaren Freundschaften aufrechtzuerhalten, mit denen wir während des Großteils unseres Lebens gesegnet waren. Wir witzelten darüber, dass keiner von uns dem anderen zumuten könne zu sterben, sonst wäre derjenige, der bliebe, ja ganz allein auf der Welt. Unser Witz wurde für mich zur Realität, als Gayle starb.

Wenn du ebenfalls Einsamkeit erlebst, dann kann das, was ich durch meine eigene Trauererfahrung gelernt habe, für dich vielleicht von Nutzen sein. Erstens habe ich gelernt, dass Einsamkeit nicht einfach ein Mangel an Kontakt zu anderen ist. Einsamkeit ist im Grunde ein Mangel an Kontakt zu einem selbst. Das traf auf mich zu. Zu Gayles Lebzeiten war meine Identität komplett davon bestimmt, Teil eines Paares zu sein. Es hieß immer „Mike und Gayle“ - selten einfach nur „Mike“. Ich definierte mich selbst eher als Teil eines Paares denn bloß als Individuum. Gayle zu verlieren, ließ mich auch diesen Teil meiner Identität verlieren. Ich musste wieder neu entdecken, wer ich als Einzelperson war.

Sich selbst wiederzuentdecken gelingt am besten in Abgeschiedenheit. In der Abgeschiedenheit finden wir Zeit dafür, uns solche Fragen zu stellen wie: „Wer bin ich? Was ist meine Bestimmung? Was möchte ich in meinem Leben erreichen? Welche Tugenden besitze ich, die ich mit anderen teilen könnte?“

Diese Fragen helfen uns, mit uns selbst in Kontakt zu kommen. Es geht nicht einfach nur um das Selbst, das wir sind, sondern - was vielleicht noch wichtiger ist - um das Selbst, nach dem wir uns sehnen. In der Abgeschiedenheit haben wir die Gelegenheit zu denken, zu schreiben, zu weinen, zu beten und Bibeltexte zu reflektieren. Durch diese Aktivitäten finden wir am ehesten positive Antworten auf unsere Fragen.

Als Nächstes lernte ich, dass Einsamkeit ein passiver Gemütszustand ist. Deshalb wird Einsamkeit am besten durch lebensbejahende Aktivität überwunden.

Eine einsame Person fragt: „Warum kann ich nicht mit Menschen zusammen sein, die mich mögen? Wie kann ich Unterstützung bekommen? Warum ist meine Kirche oder Gemeinde so auf Paare fokussiert?“

Um unseren einsamen Zustand zu verändern, müssen wir uns neuen Fragen zuwenden. Wir müssen fragen: „Welche Tugenden besitze ich, die ich mit anderen teilen könnte? Wie kann ich heute jemandem zum Segen werden? Wer braucht meine Liebe und Fürsorge?“

Dies sind lebensbejahende Fragen, die das Bedürfnis einschließen, in das Leben anderer zu investieren. Anstatt uns zu fragen, warum niemand in uns investiert, entscheiden wir uns dafür, in andere zu investieren. So sind wir in der Lage, unsere Einsamkeit auf eine konstruktive Art und Weise anzugehen.

Einer der besten Orte, um dies zu tun, ist die Kirchengemeinde. Eine Gemeinschaft von gleichgesinnten Gläubigen zu finden, ist das Gesündeste, was du tun kannst. In der Gemeinde werden wir Menschen finden, die von unserer Investition profitieren können. Wir können auch Menschen finden, die sich danach sehnen, selbst in Bedürftige zu investieren. In das Leben anderer zu investieren, schenkt dem Leben einen tieferen Sinn. Es fördert die Freude und Schönheit im Leben.

Daneben entschied ich mich dazu, auf elektronischem Wege erneut mit Freunden in Verbindung zu treten. Auch wenn es nicht dasselbe war wie eine direkte persönliche Unterhaltung, war es dennoch von unschätzbarem Wert für mich. Aufgrund meiner vielen Reisen war die elektronische Kommunikation die beste verfügbare Option. Auf diesem Wege konnte ich mein Leben teilen und etwas aus dem Leben meiner Freunde erfahren. Ich konnte so auch Trost, Unterstützung und Verständnis zeigen, wann immer es gebraucht wurde. Ich entschied mich dafür, anderen per E-Mail, Facebook, Twitter, Mobilfunk und über andere Kanäle etwas von mir zu geben. Ich entschied mich, in das Leben anderer zu investieren, und diese Investition zahlte sich aus.

Einsamkeit ist ein passiver Gemütszustand. Er muss durch Aktivität überwunden werden. Aber der erste Schritt ist, sich selbst in Abgeschiedenheit wiederzuentdecken.

Fragen & Impulse

1. Erlebst du Einsamkeit? Wenn ja, welche Aktivitäten unternimmst du, um deine Einsamkeit anzugehen?
2. Nimm dir Zeit für dich allein, damit du dich selbst wiederentdecken kannst. Stell dir unter Gebet die Fragen, die ich in diesem Kapitel vorgeschlagen habe.
3. Mach Pläne, um anderen etwas von dir selbst zu geben.
4. Denke, schreibe, rede und weine weiterhin.

12

Gegenwind, Leid und Freude

Wenn du jemanden verlierst, den du liebst, dann hast du das Gefühl, mitten in einem schrecklichen Sturm gefangen zu sein. Doch genau wenn es sich so anfühlt, als würdest du in den Fluten ertrinken, verändert sich die Lage. Manchmal wird es besser, manchmal schlechter; und manchmal ist die Veränderung einfach nur eine kurze Windstille, gefolgt von einer noch stärkeren Orkanböe.

Lange Zeit waren die einzigen Winde, die in meinem Leben wehten, hurrikanartige Stürme der Trauer. Die Stürme warfen mich zu Boden, wirbelten mich durch die Luft, schlugen mich gegen Bäume und Wände, und dann fing das Ganze wieder von vorne an. Es gab nichts, was vor diesen Stürmen sicher war. Meine Arbeit, mein Sozialleben, mein Familienleben, Zeiten des Beschäftigtseins und Zeiten der Ruhe, Reisen, Feiertage – jeder Aspekt meines Lebens war von den Stürmen der Trauer betroffen.

Im Laufe der Zeit ließ die Windstärke etwas nach. Die gelegentliche Böe hatte immer noch einen verheerenden Effekt, doch es wurde etwas leichter, mit den Stürmen umzugehen, als ich lernte, mich gegen den Wind zu lehnen, und dabei zu versuchen, das Gleichgewicht zu halten.

Später gab es Tage, an denen der Wind nachließ und den Weg frei machte für eine sanfte Brise aus einer anderen Richtung.

Es war eine sanfte Brise der Hoffnung. Ein klein wenig brachte mir diese Brise die Hoffnung auf eine erneute Fähigkeit, zu funktionieren und mich zu konzentrieren, die Hoffnung, mein Schmerz würde nicht für immer so intensiv sein, und die Hoffnung, Nuancen der Freude könnten zurückkehren.

Dann lernte ich, dass die Ruhe im Sturm einfach nur das Auge des Hurrikans war. Als Gayles erster Todestag nahte, nahm dieser Wind wieder Geschwindigkeit auf. Die ganze Familie war betroffen. Die Niedergeschlagenheit wuchs, Tränen flossen schneller, die Anspannung stieg und der Schlaf war weniger erholsam.

Die Wochen um Gayles ersten Todestag herum waren wieder stürmisch. Darum bemüht, mich den Dingen wirklich zu stellen, anstatt davor wegzulaufen, hielt ich an meinem Versuch fest, mich meinem Schmerz hinzugeben. Diese Strategie war bisher recht hilfreich und ich glaube, sie wird auch in Zukunft, durch alle Stürme der Trauer hindurch, weiterhin wertvoll sein.

Doch wenn frühere Erfahrungen als Indikator dienen, dann weiß ich eins: Nach jeder neuen Welle der Trauer, aus der ich auftauche, werde ich wieder die sanfte Brise der Hoffnung spüren.

Ich will wieder leben. Ich will wieder Freude erleben. Ich hoffe auf beides. Ich sehne mich nach einer Rückkehr der sanften Brise. Aber der Sturm bläst, ändert die Richtung, legt sich für eine Weile, nur um wieder von vorn zu beginnen. Alles verändert sich und bleibt doch gleich.

Dieselbe Gegensätzlichkeit gilt auch für Emotionen. Tränen lösen sich in Lachen auf, nur um wieder von Tränen abgelöst zu werden. Verzweiflung, Hoffnung, Panik und Benommenheit können alle innerhalb weniger Stunden verspürt werden.

Zeitweise ist das Beunruhigteste die Tendenz, zwei widersprüchliche Emotionen beinahe gleichzeitig zu empfinden.

Freude und Leid

Ist es möglich, Freude und Leid gleichzeitig im Herzen zu tragen? Ich glaube daran. Außerdem glaube ich, dass es eine notwendige Voraussetzung für ein erfülltes Leben ist.

Leid ist ein unausweichlicher Teil der menschlichen Existenz. Man muss nicht lange leben, bis man tiefes Leid erfährt. In manchen Fällen ist das Leid so stark, so tiefgreifend, dass es scheint, als definiere es unser ganzes Leben.

Das Leid, das ich nach Gayles Tod erfahren habe, ist Teil der Struktur meiner täglichen Existenz. Es ist die Kulisse hinter der weiterführenden Geschichte meines Lebens. Dennoch ist meine Lebensgeschichte nicht *nur* Leid. Ich finde weiterhin Freude am Leben. Freude entsteht täglich durch das Lachen meiner Enkelkinder, den Trost meiner Familie, die Liebe eines guten Freundes, den Jubel der Anbetung und den Frieden, den das Gebet schenkt. Jeder Tag ist eine seltsame Mischung aus Freude und Leid.

Anfangs fühlte ich mich wegen jedes flüchtigen Moments der Freude schuldig. Es schien Gayle gegenüber respektlos oder sogar wie ein Treuebruch meiner Liebe zu ihr. Glücklicherweise lösten sich diese Gefühle in einem tieferen Verständnis auf.

Freude und Leid sind zwei grundlegende Elemente eines erfüllten Lebens. Da tiefes Leid nie ganz vergeht, müssen wir lernen, Freude und Leid gleichzeitig anzunehmen, sonst werden wir das eine haben und das andere nicht.

Das Leid lehrt uns, die Dinge wertzuschätzen, die von wahrem Wert sind, da sie uns jederzeit weggenommen werden können. Das Wissen um die Zerbrechlichkeit dieser Dinge bewirkt in uns, jeden Moment als wertvoll zu erachten, darauf bedacht zu sein, wie wir unsere Schätze behandeln, jedes Erlebnis mit unseren Freunden und der Familie zu feiern, frische Luft tief einzuatmen, im Sonnenschein zu baden, grüne Bäume und Gras staunend zu betrachten, uns an Tiefschlaf zu erfreuen, gutes Essen zu genießen und jede Erfahrung des Lebens voll auszukosten. Obwohl wir das, was wir verloren haben, nie vergessen werden, sind wir bereit, das zu feiern, was bleibt.

Meine Liebe zu Gott und meine Liebe für Gayle brachten mich dazu, eine erneute Verpflichtung einzugehen. Ich gelobe, mein Leben erfüllt zu *leben*. Ich verspreche, die Tiefen des Leids zu fühlen, auch wenn ich innig liebe, völlig ungehemmt zu lachen, anderen mit der unerschütterlichen Liebe Christi zu dienen, genüsslich schief zu singen und vor Freude peinlich zu tanzen. Ich gelobe, durch die Gnade Christi und mit liebevollem Respekt für Gayle, ein erfülltes Leben zu leben!

Freude und Leid haben sich geküsst. Beide sind ein wesentlicher Bestandteil des Lebens hier und jetzt. Aber eines Tages wird nur noch die Freude bleiben. Wie sehr sehne ich mich nach diesem Tag!

Fragen & Impulse

1. Vergiss nicht, zu denken, zu schreiben, zu reden und zu weinen.

2. Welche Veränderungen hast du in deiner Trauererfahrung erlebt? Gab es Höhen und Tiefen? Wie sahen sie aus?

3. Welche gegensätzlichen Emotionen hast du erlebt? Erkennst du, dass es nötig ist, eine ganze Palette an Gefühlen zu erleben, um ein erfülltes Leben zu haben?

13

Tränen

Eine gute Freundin beschrieb mir in einer Nachricht, welche sichtbaren Ausdrucksformen der Trauer, zum Beispiel Tränen und lautes Weinen, einige Kulturen begrüßen, während andere Kulturen genau davor zurückschrecken. In den USA ist es im Besonderen die afroamerikanische Kultur, die sehr offen ist für eher sichtbare Trauerbekundungen. Dies ist jedoch für die meisten weißen Kulturen in Amerika, die einen stoischeren Ansatz bevorzugen, sehr ungewöhnlich. Tatsächlich geht die afroamerikanische Gemeinschaft in dieser Hinsicht den richtigen Weg.

Diese stoische Einstellung zur Trauer wird durch den Irrglauben, dass Tränen, Weinen oder auch lautes Wehklagen eine Preisgabe des Glaubens seien, noch verstärkt. So ziemlich das Gegenteil trifft zu. Tränen sind auf dieser Erde niemals unangebracht. Uns wird gesagt, dass sie im Himmel abgewischt werden (siehe Offenbarung 21,4); aber wir sind noch nicht im Himmel, also kann Klagen hier eine völlig angebrachte Handlung sein.

Ich erinnere mich an eine Begebenheit, die Jahre zurückliegt. Damals arbeitete ich als Seelsorger in einem Krankenhaus. An einem späten Abend wurde ich in die Notaufnahme gerufen, weil eine afroamerikanische Frau mit einem schweren Herzinfarkt eingeliefert worden war. Ihre Familie saß im Aufenthaltsraum der Notaufnahme. Ich betreute die Familie, während ich das Geschehen in der Notaufnahme verfolgte. Es war offensichtlich, dass die Frau bald sterben würde.

Als ich die Familie beobachtete, sah ich viele sanfte Berührungen zwischen den Familienmitgliedern sowie ein offenes Zeigen von Tränen. Ich erkannte, dass ihre Familie wahrscheinlich ihrem Schmerz lautstark Ausdruck verleihen würde, sollte die Frau sterben. Dann sah ich zum Personal, das an diesem Abend Dienst in der Notaufnahme hatte. Es waren alles Weiße. Also sagte ich zu den Angestellten: „Wenn diese Frau sterben wird, wird ihre Familie ihren Schmerz wahrscheinlich lautstark zum Ausdruck bringen. Wenn Sie sich dabei unwohl fühlen, sollten Sie einen großen Bogen um die Familie machen. Ich werde bei ihnen bleiben, sie trösten und versuchen, ihnen deutlich zu machen, dass sie nicht allein sind. Wenn Sie sich dazu nicht in der Lage sehen oder sich einfach unwohl fühlen, wenn jemand seine Trauer auf diese Art und Weise zum Ausdruck bringt, sollten Sie sich besser ein Versteck suchen."

Die Frau starb und meinen Erwartungen entsprechend brachte die Familie ihren Schmerz lautstark zum Ausdruck. Da ich ihr Vertrauen gewonnen hatte, konnte ich jeden Einzelnen in den Arm nehmen, während sie weinten. Es war *laut!* Als ich mich in der Notaufnahme umschaute, konnte ich keinen der weißen Angestellten sehen. Es war ihnen kulturell fremd und bereitete ihnen großes Unbehagen. Doch was die Familie hier konnte, war an und für sich sehr gesund.

Tränen sind heilsam. Sie sind notwendig. Hab keine Angst, deinen Tränen freien Lauf zu lassen. Der Tag wird kommen, an dem alle Tränen von deinen Augen abgewischt werden – von dem *Einzigen,* der dazu fähig ist: Jesus Christus, die Auferstehung und das Leben. Bis dahin haben wir das Geschenk der Tränen.

Fragen & Impulse

1. Kannst du deine Trauer durch Tränen und andere sichtbare Ausdrucksformen öffentlich teilen?
2. Denke, schreibe, rede und weine weiterhin.

14

Gute Tage, schlechte Tage und Hoffnung

Hoffnung ist gefährlich.
(Frank Darabont)

Man erkennt, dass man Fortschritte macht, wenn man langsam mehr gute als schlechte Tage erlebt. Zunächst gibt es keine guten Tage, höchstens ein paar gute Augenblicke. Im Laufe der Wochen und Monate vollzieht sich ein langsamer, fast unmerklicher Wandel von ein paar guten Augenblicken hin zu einigen guten Stunden bis zu einem guten Tag hier und da. Es gibt Rückschläge sowie Anfänge und Stillstände, aber generell häufen sich langsame Fortschritte in Richtung immer mehr guter Tage.

Eine Zeit lang fühlt man sich schuldig, wenn man glücklich ist. Aber letztendlich siegt die Vernunft über diese Gefühle und man erkennt, dass dies alles zum Fortschritt dazugehört. Hoffnung kehrt in bescheidenem Maße zurück.

Wenn du Fortschritte machst, kannst du dich ein bisschen länger als vorher konzentrieren und vielleicht gewinnst du sogar Hoffnung – Hoffnung für die Zukunft, Hoffnung, dass du das Leben irgendwann wieder richtig genießen kannst, und Hoffnung, dass dein Leben nicht in gewisser Weise vorbei ist.

Der Weg ist zwar noch nicht zu Ende. Es müssen immer noch Meilensteine passiert werden. Vermutlich fürchtest du dich vor vielen dieser Meilensteine. Aber dein bisheriger Erfolg sollte dir erneute Zuversicht verleihen, dass du, egal wie schwierig die Jahrestage auch sein werden, dennoch weiterleben und mit wiederhergestellten Kräften und neuer Hoffnung voranschreiten wirst.

Mach dir nichts vor. Dein Leben wird nie wieder dasselbe sein. Und das gilt auch für mich. Niemand kann deinen geliebten Menschen ersetzen.

Gayle ist unersetzlich für mich und ich werde nicht versuchen, sie zu ersetzen. Aber ich glaube jetzt, dass das Leben trotzdem gut sein kann. Es wird ganz anders sein und es wird immer eine Lücke in meinem Leben geben, wo sie einst war, aber mein Leben kann wieder gut werden.

Im Augenblick erlebe ich gute und schlechte Tage, wobei die guten knapp überwiegen. Und der morgige Tag bringt neue Herausforderungen und neues Leid mit sich. Doch irgendwo am fernen Horizont gibt es einen sanften Schimmer. Ich habe ihn als Hoffnungsschimmer erkannt.

Fragen & Impulse

1. Hast du gute Tage und schlechte Tage? Oder machst du eher die Erfahrung von guten Stunden und schlechten Stunden? All das ist normal.

2. Schenken die guten Zeiten dir einen Hoffnungsschimmer? Wo findest du Hoffnung in deinem Leben?

3. Denke, schreibe, rede und weine weiterhin.

15

Feiertage und „erste Male"

Wenn man trauert, sind die Nächte gewöhnlich härter als die Tage, Wochenenden sind schwieriger als Werktage, und Geburtstage, Jahrestage und Feiertage sind am schlimmsten. Auch wenn du nichts daran ändern kannst, gehst du üblicherweise leichter mit diesen Anlässen um, wenn du einen Plan hast.

Stell sicher, dass du die Belastung einer solch schwierigen Situation begrenzt, indem du eine Exitstrategie hast. Wenn dir danach ist, dann plane, früher zu gehen. Besuche während der Feiertage weniger Veranstaltungen und wähle die aus, die eher berechenbar sind. Halt dich an einen Zeitplan, aber gestalte das Programm nicht zu straff. Lass dir etwas Spielraum – und noch einmal: Entwirf dir eine Exitstrategie. Daran musste ich mich während der Adventszeit im ersten Todesjahr selbst erinnern.

Gayle liebte Weihnachten! Sie war voller Vorfreude, machte Pläne für das Fest, dekorierte das Haus, genoss die Musik, fand meist ein Mitsingkonzert für Händels *Messias*, gab ihr Bestes, um besondere Veranstaltungen für unsere aktuelle Ortsgemeinde zu organisieren, und plante etwas Außergewöhnliches für die Familie. Familientreffen waren gefüllt mit Essen, Spaß, Geistlichkeit und Lachen. Gayle war eine begnadete Gastgeberin und liebte es, ihre Gäste zu bewirten. Sie liebte Weihnachten über alles!

Für das erste Weihnachtsfest ohne Gayle beschlossen meine Töchter und ich, einmal etwas ganz anderes zu machen.

In Zukunft werden wir den Ausgangspunkt der Feierlichkeiten von meinem Haus in eins der Häuser meiner Töchter verlegen. Das scheint mir das Sinnvollste zu sein. Aber im ersten Jahr brauchten wir etwas, um gewissermaßen das Eis zu brechen.

So nutzte ich am Weihnachtstag meine Vielfliegermeilen, um mit meinen beiden Töchtern, meinem Schwiegersohn und meinen zwei Enkelkindern nach New York City zu fliegen. Wir bestaunten die weihnachtliche Lichterdekoration, besuchten Kulturdenkmäler und kamen mal ein bisschen raus.

Glücklicherweise konnte ich auf meinen Dienstreisen diese Meilen sammeln. Es ist ein großer Bonus – und sie waren sehr praktisch für unser erstes Weihnachten ohne Gayle.

Wir taten Dinge, die uns dabei halfen, Weinachten ganz anders zu feiern, als wir es gewohnt waren. Das half uns, Spannungen abzubauen und einen Teil des Schmerzes zu lindern. Es war ein Segen für die ganze Familie. In Zukunft werden wir auf traditionellere Weise feiern; aber für unser erstes Weihnachtsfest ohne Gayle war es für uns sinnvoll.

Drei Tage nach Weihnachten 2016, am 28. Dezember, jährte sich unser Hochzeitstag zum einundvierzigsten Mal. An diesem Tag besichtigten wir vormittags die Freiheitsstatue, dann checkten wir aus unserem Hotel aus und flogen zurück nach Dallas. Ich war beschäftigt genug, um durch den Tag zu kommen, ohne mich selbst zu sehr zu bemitleiden.

Für mich war der Schlüssel hierfür, einen Plan zu haben. Mein Plan kann sich von deinem unterscheiden. Was bei mir funktioniert, muss nicht für alle gleichermaßen funktionieren. Aber du solltest einen Plan haben.

Am besten setzt du dir für die ersten Feiertage niedrige Ziele. Vielleicht ist das bloße Überleben als Ziel schon hehr genug! Manchmal sind die besten Ziele die grundlegendsten. Zu überleben ist eines der wichtigsten Ziele, wenn man trauert.

Trauer reduziert und komprimiert alles. Unsere erhabenen Absichten werden auf das grundlegendste Ziel des bloßen Überlebens reduziert. Langzeitpläne werden von Fünf- bis Zehnjahresplänen zu Fünf- bis Zehnstundenplänen komprimiert. Manchmal reicht auch ein Fünf- bis Zehnminutenplan! So bescheiden es auch sein mag, es kann das Beste sein, was du tun kannst, um deine Verluste zu bewältigen.

Die Verluste deines Lebens haben dich verletzt und blutend zurückgelassen. Der Schmerz ist intensiv und die Einsamkeit fast unerträglich. Und der Gedanke an Thanksgiving und Weihnachten ist furchtbar.

Sollte diese Beschreibung auf dich zutreffen, dann habe ich hier einige Vorschläge:

Erstens kümmere dich an den Feiertagen um jemand anderen als um dich selbst. An den ersten Weihnachtstagen ohne Gayle konzentrierte ich mich ganz auf meine Enkel. Wenn ich in der Vergangenheit vor schmerzlichen Feiertagen stand, bedachte ich Menschen in Not und ließ ihnen finanzielle Hilfe zukommen, um ihnen an den Feiertagen eine Freude zu machen.

Zweitens erinnere dich an den religiösen Aspekt der Feiertage. Thanksgiving ist eine Möglichkeit, Danke zu sagen. Das bringt dich dazu, darüber nachzudenken, dass du immer noch so vieles hast, wofür du dankbar sein kannst. Es hilft dir, dich mehr auf das zu konzentrieren, was du besitzt, als auf das, was du verloren hast. Ähnlich bietet Weihnachten die Möglichkeit, für das größte Geschenk zu danken, das je gemacht wurde.

Drittens manage deine Zeit. Nutze Möglichkeiten zu feiern, aber begrenze diese Zeiten. Wenn du bei einem Familientreffen oder bei einem Weihnachtskonzert oder Gottesdienst früher gehen möchtest, dann ist das in Ordnung. Vielleicht entscheidest du dich, zu weniger Weihnachtsfeiern und Veranstaltungen zu gehen. Das ist auch in Ordnung. Übernimm die Kontrolle und organisiere alles so, dass du die Feiertage das erste Mal ohne deinen geliebten Menschen überstehst.

Viertens erlaube dir selbst zu weinen, ohne dich zu schämen. Es wird passieren, also sei vorbereitet. Nimm Taschentücher mit, warne deine Mitmenschen und mach dir bewusst, dass dies nicht ein Zeichen von Schwäche ist, sondern eine Bestätigung dafür, dass die Liebe, die du verloren hast, eine große Liebe war!

Fünftens sorge dafür, dass es jemanden gibt, den du anrufen oder mit dem du persönlich reden kannst, wenn du jemanden zum Reden brauchst. Stau deine Gefühle nicht in deinem Inneren auf. Schaffe einen sicheren Raum, um loszulassen. Rede mit jemandem, der dich versteht und der um dich besorgt ist.

Und zuletzt: Vielleicht möchtest du etwas Bedeutsames tun, um die Person, die du verloren hast, zu ehren und ihr zu gedenken. Mach in Erinnerung an deinen geliebten Menschen eine Spende, pflanz einen Baum oder tu irgendetwas anderes als bleibendes Gedenken an diese Person.

Wofür du dich auch entscheiden magst, sorg dafür, dass du eine Exitstrategie hast, falls es nötig werden sollte. Solltest du dir zu viel vorgenommen haben und von deinen Gefühlen überwältigt werden, ist es gut, sich aus der Situation entfernen zu können. Stell sicher, dass du gehen und dich an einen sicheren Ort zurückziehen kannst, an dem die Erinnerungen und Gefühle nicht so überwältigend sind.

Vor vielen Jahren, als wir beide Pastoren in Arlington, Texas, waren, war Gayle daran beteiligt, das jährliche Thanksgiving-Dinner für die Gemeinde einzuführen. Am Samstag vor Thanksgiving brachten die Beteiligten ihr bestes Porzellan und Silberbesteck mit, um die Tische im Gemeindesaal zu decken. Es wurden Reservierungen entgegengenommen, damit jeder einen Platz bei diesem Event hatte. Die Gemeinde stiftete größtenteils das Menü und organisierte die Tische. Es war eine wundervolle Zeit der Gemeinschaft und des Feierns sowie eine Möglichkeit, Mitmenschen mit Einladungen für das Fest zu erreichen. Gayle und ihr Team arbeiteten jedes Jahr sehr, sehr hart, um sicherzustellen, dass das Essen perfekt, der Saal schön dekoriert und das Programm fehlerfrei war. Sie tat dies über Jahre hinweg, bis wir woanders hinzogen, aber soweit ich weiß, wird dieser Brauch in Arlington immer noch weitergeführt.

Als unsere Töchter erwachsen wurden und nach Dallas zogen, etablierten sie gemeinsam mit ihrer Mutter denselben Brauch in der Dallas First Church of Seventh-day Adventists. Jedes Jahr mussten wir dafür sorgen, an diesem Wochenende nicht auf Reisen zu sein, damit Gayle ihren Töchtern helfen konnte, dieses wundervolle Event auszurichten. Die Gemeinde in Dallas führte diese Tradition am ersten Thanksgiving nach Gayles Tod fort.

An diesem ersten Thanksgiving betrat ich die Sporthalle der Gemeinde ohne Gayle und sah die wunderschön gedeckten Tische. Die Beleuchtung und die Dekoration hatten die Sporthalle in einen eleganten Festsaal verwandelt. Im Hintergrund spielte Musik. Alles war perfekt.

Ich lief an den Tischreihen auf und ab, begutachtete jeden einzelnen und während ich das tat, überwältigten mich meine Gefühle. Ich fing an zu weinen und konnte nicht mehr aufhören. Also entschuldigte ich mich und ging.

Dies ist ein Beispiel für den Versuch, zu viel tun zu wollen. Ich zumindest habe mir eine Auszeit genommen. Ich ging, als ich es nicht mehr aushalten konnte. Von daher sehe ich das nicht als Scheitern, sondern als Beispiel für einen erfolgreichen Plan. Ich wollte teilnehmen; aber als es mich überwältigte, konnte ich gehen.

Wenn du in den vergangenen Monaten oder auch Jahren ebenfalls einen schweren Verlust erlitten hast, dann wirst du auch Entscheidungen darüber treffen müssen, wie viel zu viel ist. Wähle Veranstaltungen aus, an denen du teilnehmen möchtest, und genieß sie, aber lass andere Veranstaltungen sein. Und nimm dir immer eine Auszeit!

Ich hoffe, dass ich es im Laufe der Zeit schaffe, eine entspannte Einstellung zu den Feiertagen zu entwickeln. Obwohl bestimmte Festtage nie wieder dieselben sein werden, können sie doch von Bedeutung sein. Aber das erste Jahr war ganz anders. Mein Ziel war es, dieses erste Jahr einfach nur zu überleben.

Während der ersten Adventszeit ging ich zur Weihnachtsfeier der Grundschule, in der meine Enkelin die Vorschule besuchte.

Die Kinder lieferten eine fantastische Darbietung. Ich war auf sie alle stolz, aber natürlich besonders auf meine Enkelin. Sie konzentrierte sich ganz auf die ihr bevorstehende Aufgabe. Sie sang voller Begeisterung und befolgte die Anweisungen ihrer Lehrerin genau. Ich freute mich über ihren Enthusiasmus für Musik, Jesus und Weihnachten.

Natürlich fehlte an diesem Abend jemand. Gayle wäre von diesem Abend absolut begeistert gewesen. Sie hätte über das ganze Gesicht gestrahlt, während sie Annas Auftritt verfolgt hätte. Und am Ende der Vorstellung hätte sie Anna gesagt, wie stolz sie sei, sie zur Enkelin zu haben. Ich lächelte, während ich Annas Bewegungen verfolgte, jubelte ihr zu und erzählte ihr, wie sehr ich sie liebte und wie stolz ich auf sie war. Es war zwar nicht die Omi, aber zur Not tut's Opa auch.

Einige Tage vor dieser Weihnachtsfeier besuchte ich die Geburtstagsparty meines Enkelsohns Anderson, der vier Jahre alt geworden war. Wieder fehlte jemand. Gayle wäre ganz vernarrt gewesen in Anderson und sie hätte gegrinst und gelacht, während sie mit ihm gemeinsam seine vier Lebensjahre gefeiert hätte.

Stattdessen kaufte ich Andersons Geschenk (mit sehr geschätzter Unterstützung meiner beiden Töchter) und schrieb seine Geburtstagskarte. Ich jubelte ihm zu und sagte ihm, wie sehr ich ihn liebte und wie stolz ich auf ihn war. Es war zwar nicht die Omi, aber zur Not tut's Opa auch.

Zwei weitere erste Male waren verbucht. *Mit jedem ersten Mal meldet sich ein neuer Schmerz. Mit jeder Feier des Lebens geht eine entsprechende Trauer um das einher, was verloren ist.* Süß vermischt mit bitter. Freude sogar inmitten von Tränen.

Schulfeste, Geburtstage, Weihnachtstage, Jahrestage und vieles mehr – jedes Ereignis fordert meine Stärke und meinen Mut heraus. Und dennoch erinnert mich jeder Erfolg daran, dass es machbar ist – so schwierig es auch sein mag!

Kurz nach diesen Feierlichkeiten wohnte meine Familie dem ersten Spatenstich für einen neuen Jugendkomplex der adventistischen Gemeinde in Arlington bei. Wir nahmen daran teil, weil das Gebäude nach Gayle benannt werden sollte: Gayle Tucker Youth Annex.

Gayle liebte Kinder, Jugendliche und junge Erwachsene. Sie gab so viel von ihrem Leben, um jungen Menschen zu dienen! Wir fühlen uns geehrt, dass die Gemeinde in Arlington das Gebäude nach ihr benannt hat, und wir wollten den ersten Spatenstich um nichts in der Welt verpassen. Gleichzeitig war es ein schmerzliches Ereignis.

Jedes erste Mal und jedes Ereignis, das Gayles Andenken würdigt, ist eine Erinnerung daran, wie reich das Leben sein kann. Ich würde nicht trauern, wenn mein Leben nicht vor allem so wundervoll gewesen wäre. Und jede Ehrung im Gedenken an Gayle ist eine Erinnerung an das erfüllte Leben, das sie gelebt hat, und die vielen Menschen, die durch dieses Leben so reich gesegnet wurden. Mein Schmerz speist sich aus dem Reichtum ihres Lebens und unseres gemeinsamen Lebens.

Also sage ich: Danke, Gott! Danke für jedes Fest und jede neue Dosis Schmerz. Danke, dass du mir ein Leben geschenkt hast, das so reich und erfüllt war, dass auch nur ein Teil davon zu verlieren so unglaublich schmerzvoll sein kann! Und ich danke dir, dass du mir die Kraft gegeben hast, dies durchzustehen und durch diese Erfahrung sogar zu wachsen.

Fragen & Impulse

1. Welche ersten Male hast du bisher erlebt?
2. Welche ersten Male hast du noch vor dir?
3. Wenn die Feiertage bevorstehen, mach einen Plan für das Fest. Genieß die Adventszeit, aber übertreib es nicht. Nimm dir eine Auszeit, wenn du das Bedürfnis danach hast.

16

Gottes Wesen

Ich bin überzeugt, dass ein wesentliches Element der Trauer ein angemessenes Verständnis von Gottes Wesen ist. Einen geliebten Menschen zu verlieren, gehört zu den traumatischsten Erfahrungen des Lebens. Es ist schwierig genug, diesen quälenden Schmerz zu erleben, ohne ihn durch Wut auf Gott noch komplizierter zu machen.

Wut auf Gott tritt dann auf, wenn wir meinen, Gott würde uns mehr schulden, als er uns gegeben hat. Das geschieht, wenn wir glauben, Gottes Handeln sei willkürlich oder ungerecht. Dies kann vorkommen, wenn wir Gott für einen strafenden Gott halten oder ihm ein gefühlloses Desinteresse zuschreiben. Solche Sichtweisen führen zu Wut auf den souveränen Herrscher.

Auf Gott wütend zu sein, entzieht uns eine Menge Energie, ein knappes Gut für diejenigen, die im tiefen Schmerz der Trauer gefangen sind. Aber es kommt noch schlimmer. Ich habe beobachtet, dass die große Mehrzahl derjenigen, die ihre Wut auf Gott richten, letzten Endes ihren Ärger nach innen richten. Gegen Gott gerichtete Wut wird zur Wut gegen sich selbst. Nach innen gerichtete Wut ist eine klassische Definition von Depression. Demzufolge führen falsche Vorstellungen von Gottes Wesen letztendlich zu Wut, die nach innen gerichtet ist.

Eine weitere Komplikation ist unser Unvermögen, dem Verlust einen Sinn zu geben. Häufig wird die Frage nach dem Warum gestellt; wenn wir ein verzerrtes Bild von Gott haben, dann wird unsere Antwort in zusätzlichem Schmerz resultieren. Es ist schwierig genug, wenn unser Verständnis von Gottes Wesen gesund ist; aber wenn wir ein verzerrtes Bild von Gott haben, können wir in ernsthafte Schwierigkeiten geraten.

Es gibt viele Formen von Verzerrungen. Auf der einen Seite steht der distanzierte, desinteressierte oder auch der ohnmächtige Gott. Entweder ist Gott so weit von uns entfernt, dass es ihm egal ist, was passiert, oder er ist so schwach, dass er zu hilflos ist, um etwas gegen unser Leid zu unternehmen. Diese Verzerrungen können lähmen.

Auf der anderen Seite steht ein Gott, der dich einen Verlust erleiden lässt, um dich zu „testen" oder deinen Charakter zu „veredeln" - kein vertrauensvoller Gott. Wenn der Verlust deines geliebten Menschen das Bestreben darstellt, einen von euch beiden zu bestrafen, haben wir es wieder mit einem Bild von Gott zu tun, das deiner Trauerbewältigung schadet.

Wie klingen folgende Verzerrungen?

- Gott sucht eine neue Blume für seinen Garten, also beschließt er, deinen geliebten Menschen zu sich zu nehmen.
- Gott arbeitet auf ein größeres Ziel hin, wie die Rettung einer verlorenen Seele, was den Tod eines Menschen erfordert, der dir lieb ist.
- Gott schickt eine Warnung raus an alle, die sich entschließen, gegen ihn zu rebellieren.
- Gott weigert sich einfach, seine Versprechen dir gegenüber zu erfüllen.

Verzerrungen treten dann auf, wenn wir Gott als distanziert und unnahbar oder streng und willkürlich sehen. Sie entstehen, wenn du glaubst, Gott mache es dir schwer, gerettet zu werden, indem er minutiösen Gehorsam gegenüber willkürlichen und kurzsichtigen Regeln verlangt. *Jede Verzerrung der Wahrheit über Gott erhöht die Wahrscheinlichkeit einer komplizierten Trauer.*

Also, was ist die Wahrheit? Mir gefällt, was jemand einmal dazu gesagt hat: „Die Wahrheit über Gott ist, dass er unendlich besser ist, als wir es jemals zu träumen gewagt hätten." (Ich habe das vor Jahrzehnten jemanden sagen hören und kann den Autor nicht mehr ausfindig machen. Also teile ich es ohne die angemessene Anerkennung. Ich halte es allerdings für eine prägnante Äußerung über die Wahrheit.)

Gott ist liebevoll, freundlich, langmütig, barmherzig, sanftmütig, gut und ganz eng vertraut mit den Details deines Lebens. Er ist unendlich größer, als wir uns jemals erträumen können, daher können wir nicht alles verstehen, was er tut. Unser Unvermögen, Gott zu verstehen, bedeutet nicht, dass er schlecht ist. Es bedeutet, dass seine Güte unser Verständnis übersteigt.

Das alles offenbart sich mir in einem einzigartigen theologischen Konzept, genannt der Große Kampf. Das ist die Metaerzählung der Heiligen Schrift. Es ist die Geschichte eines guten Gottes, der eine perfekte Welt mit perfekten Wesen erschaffen hat. Diese perfekte Welt wurde zerstört, als sich das Böse in das Herz eines von Gott geschaffenen Wesens einnistete – eines Engels mit Namen Luzifer. Dazu bestand immer die Möglichkeit, weil Gott keine Roboter geschaffen hatte, die nicht die Wahl gehabt hätten, sich zu weigern, seine Liebe zu erwidern. Wahre Liebe birgt immer das Potenzial der Zurückweisung in sich. Gott machte sich selbst angreifbar, indem er erlaubte, dass seine Geschöpfe sich dafür entscheiden konnten, ihn abzulehnen. Das geschah in Luzifers Herz. Er lehnte Gottes Liebe ab.

Luzifers Rebellion breitete sich in Gottes neuer Schöpfung, auf dem Planeten Erde, aus. Unsere ersten Eltern schlossen sich der Rebellion an; und von diesem Tag an bis heute passieren guten Menschen schlimme Dinge. Warum? Weil Gott die Quelle alles Guten ist. Wenn wir uns selbst von der Quelle entfernen, laufen wir Gefahr, dass schlimme Dinge passieren. Das Paradies ging verloren und das bringt uns alle in Gefahr.

Gott liebte seine Schöpfung zu sehr, um zu erlauben, dass diese Trennung für immer anhält. Unter hohem Aufwand für ihn selbst sandte Gott seinen Sohn, Jesus, um die Strafe für die Sünde zu bezahlen und die gefallene Menschheit wieder mit sich zu versöhnen. Jetzt werden alle, die die Versöhnung annehmen, die Wiederherstellung des Paradieses an dem Tag erleben, an dem Jesus wiederkommt, um uns nach Hause zu holen.

Die Geschichte der Heiligen Schrift ist ein Drama in drei Akten: Das Paradies wird erschaffen, das Paradies geht verloren, das Paradies wird wiederhergestellt. Bis das Paradies wieder vollkommen hergestellt ist, werden guten Menschen weiterhin schlimme Dinge passieren. Etwas anderes wurde uns nie versprochen. Gott hat uns versprochen, uns zu lieben, uns anzunehmen, uns zu vergeben, uns zu retten und uns hier auf Erden ein sinnvolles Leben zu schenken. Er hat uns außerdem versprochen, dass dieses Leben nur ein Abglanz dessen ist, was einmal sein wird. Zuletzt werden wir ewig leben. Und es wird in *jenem* Leben sein, dass alle Krankheit, alle Sünde, alles Leid und aller Verlust für immer verbannt werden.

Bis dahin sind wir geliebt mit einer Liebe, die das menschliche Verständnis übersteigt. Gott ist verrückt nach uns und sehnt sich danach, dass wir glücklich sind! Das ist die Wahrheit über Gott, wie ich sie sehe.

Ein stimmiges Bild von Gott zu haben ermöglicht uns, die Unbeständigkeiten des Lebens zu ertragen, während wir seine Rückkehr erwarten. Es hilft uns, das Unerträgliche zu ertragen. Unser Schmerz wird nicht noch durch Wut auf Gott verkompliziert. Wir erkennen, dass Gott uns gegenüber treu ist und uns sogar mehr gibt, als er uns versprochen hat. Wir sind geliebt, angenommen, versöhnt und uns ist vergeben, und irgendwann erleben wir die Ewigkeit an einem Ort, an dem niemals jemand stirbt. Ob wir uns achtzig Jahre oder achtzig Tage des Lebens erfreut haben – wir erkennen, dass Gott treu gewesen ist. Unser Schmerz wird deshalb nicht durch unangebrachten Ärger komplizierter.

Ich glaube, dass meine Trauer ein wenig leichter wurde aufgrund dieses in sich stimmigen Bildes von Gott und seinem Wesen. Dieses Bild erlaubt mir, Trauer unkompliziert und frei von Ärger zu erleben und die Geschenke des Trostes, die Gott mir schickt, wahrzunehmen und anzunehmen. Gott als einen liebenden Gott und im Zusammenhang des Großen Kampfes zu sehen, hat für mich den entscheidenden Unterschied gemacht.

Fragen & Impulse

1. Wie würdest du dein Gottesbild beschreiben?
2. Hat dir dein Konzept von Gott in deiner Trauerbewältigung geholfen oder geschadet?
3. Wie hat sich dein Gottesbild durch deinen Verlust verändert?
4. Wenn deine Sicht auf Gott negativ ist, möchtest du diese Sicht verändern?
5. Bewege dich aktiv in kleinen Schritten auf ein positiveres Gottesbild zu. Vereinbare einen Termin mit einem Pastor oder Seelsorger, der Gott als einen liebenden Gott sieht. Lies Bücher über Gott von Autoren wie Philip Yancey, Max Lucado und Ty Gibson.

17

Wut auf Gott – 1

Nach dem Tod eines geliebten Menschen weiter an Gott zu glauben ist schwer. Das war schon immer so und wird auch immer so bleiben. Den Verlust und seinen Einfluss auf dein Gottesbild zu begreifen, ist ein großer Teil dessen, was das Zurückbleiben so schwierig macht.

Bei früheren Verlusten kam irgendwann der Moment, in dem mir klar wurde, dass es zwei Probleme waren, mit denen ich mich beschäftigte. Eins waren der Schmerz und die Trauer über den Verlust an sich. Das zweite war die erschwerende, zeitraubende, kräftezehrende Erfahrung meines Ärgers gegenüber Gott. Ein Teil dieses Grolls wurde verschlimmert durch mein Unvermögens, eine Antwort von ihm zu bekommen, überhaupt von ihm zu hören oder den Sinn dessen, was geschehen war, zu verstehen. Mit der Zeit überwog fast der Ärger den Schmerz des Verlustes an sich. Er dominierte oder färbte zumindest jedes Gefühl.

Mir wurde klar, dass ich mich zuerst mit meiner Wut befassen musste, wenn ich jemals meine Trauer bewältigen und den Verlust akzeptieren wollte. *Was ich getan habe, war hilfreich für mich. Es kann sein, dass es das für dich nicht ist.* Es mag albern klingen. Wenn ja, dann betrachte es als gut gemeint, aber nicht hilfreich.

Ich beschloss, einige grundlegende Annahmen festzulegen. *Erste Annahme: Gott ist wirklich gut.* Die Alternative zu dieser

Annahme ist, in einem Universum zu leben, das so undenkbar grausam, chaotisch und zerstörerisch ist, dass es absolut keine Hoffnung bietet. Ich musste eine weitere Voraussetzung festlegen. Ich musste annehmen, dass Gott prinzipiell gut ist, auch wenn ich sein Handeln nicht verstand.

Zweitens musste ich annehmen, dass – weil Gott prinzipiell gut ist und er Gutes für mich und den Menschen will, den ich verloren hatte – *das eigentliche Problem nicht darin bestand, was Gott getan hatte, sondern darin, wie ich sein Handeln verstand.* Genau genommen steht Gott so weit über mir, dass es sehr unwahrscheinlich für mich ist, es jemals zu verstehen.

Darum erschien mir der einzig vernünftige Weg, mit meinem Problem der Wut auf einen unberührbaren, unerreichbaren Gott umzugehen, darin zu bestehen, ihm einfach zu vergeben. So seltsam das auch scheint: Ich beschloss, dass der einzige Weg, meine tiefen Gefühle der Wut und des Grolls loszuwerden, war, darauf zu vertrauen, dass er tatsächlich einen Plan hatte, den ich einfach nicht verstand; deshalb konnte ich mich dafür entscheiden, ihm zu vergeben, um meine negativen Gefühle loszulassen.

Nachdem ich das getan hatte, war ich endlich frei und konnte mich auf den eigentlichen Verlust konzentrieren. Ich fühle den Schmerz des Verlustes ohne das erschwerende Gefühl der Wut auf Gott – eine Wut, die keine andere mögliche Lösung zuließ. Ich erlebte das Gefühl des Verlustes, die Trauer, den Schmerz, die Abwesenheit des geliebten Menschen in meinem Leben und ich trauerte darüber.

Danach konnte ich auf gesündere, unverfälschtere Weise trauern. Auch wenn ich die Gründe für fast alles hier immer noch nicht verstehen kann – wenn ich grundlegend annehme, dass irgendwie, irgendwo ein Plan eines liebenden Gottes, der nur das Beste für mich will, dahintersteckt, dann wird mein Leben dadurch, dass ich ihm vergebe, einfacher und glücklicher.

Etwas anderes anzunehmen heißt für mich, den Rest meines Lebens zu einem unglücklichen, sinnlosen Dasein zu verdammen. Ich habe das Gefühl, es müsse eine bessere Art zu leben geben, also wählte ich einen anderen Weg. Für mich funktioniert es und es hilft mir, echter zu trauern, ohne die Komplikation durch unlösbaren Ärger.

Ich habe keine Ahnung, ob irgendetwas hiervon für dich überhaupt von Wert ist. Vielleicht nicht. Aber mir war es eine große Hilfe. Mein Schmerz über den Verlust von Gayle ist einfach nur das – Schmerz über den Verlust – und es gibt keine Komplikationen aufgrund von Wut. Ich habe mich einfach entschieden, einige schwierige, aber hilfreiche Annahmen zu treffen, Gott zu vergeben, weil er mir diese Gründe nicht vorlegt, und dann vorwärtszugehen. Das funktioniert für mich. Wenn es für dich nicht funktioniert, hoffe ich, dass du etwas findest, das wirklich hilfreich für dich ist.

Ich glaube nicht, dass ich den Grund je erfahren werde, falls es überhaupt einen erkennbaren Grund gibt. Aber das ist für mich in Ordnung. Da es sowieso nicht ersichtlich ist, muss das Nichtwissen in einen akzeptablen Zusammenhang gebracht werden. Dieses Vorgehen macht es möglich.

Das ist alles. Es mag absurd sein. Es mag nicht hilfreich sein. Es mag sogar gefühllos klingen. Wenn ja, dann verzeih mir bitte. Ich kann nur meine Erfahrung mit dir teilen.

Fragen & Impulse

1. Erlebst du wegen deines Verlustes Wut auf Gott? Wie willst du mit deinem Ärger umgehen?

2. Kannst du trotz deiner offenen Fragen die Annahme treffen, dass Gott gut ist und nur das Beste für dich will? Kannst du in einer solchen Annahme einen Wert für deine Trauerbewältigung erkennen?

18

Wut auf Gott – 2

Als Pastor habe ich die Vorstellung eines Wohlstandsevangeliums immer abgelehnt. Diese Lehre besagt, dass Gott, wenn man ihm heute eine Gabe von fünf Dollar gibt, einem kurz darauf zwanzig Dollar schenken wird. Es ist die Auffassung, dass Gott unsere getreuen Gaben und Dienste mit finanziellem Segen und dem Segen eines besseren und glücklicheren Lebens belohnt. Ehrlich gesagt sehe ich keinen biblischen Beleg für eine solche Lehre und ich glaube, dass viele, die sie lehren, es tun, um mehr Spenden zu sammeln oder – was noch viel schlimmer ist – sich selbst zu bereichern.

Ich kenne viele Menschen, die diese Lehre im Prinzip ablehnen, aber in Wirklichkeit dazu neigen, sie zu praktizieren. Ich gestehe, dass ich einer dieser Menschen war. Lass es mich dir erklären.

Mitte bis Ende der Achtzigerjahre arbeitete ich für eine Gemeinde in Texas, ohne ein Gehalt dafür zu beziehen. Damals war ich an dem Unternehmen meiner Familie beteiligt und unsere finanziellen Bedürfnisse waren gedeckt. Ich brauchte also kein Gehalt von der Gemeinde, deshalb arbeitete ich ungefähr sieben Jahre, ohne einen Lohn dafür zu erhalten.

Im Verlauf dieser Jahre wuchs diese Gemeinde ungemein. Die Zahl der wöchentlichen Gottesdienstbesucher stieg von zweihundert auf fünfhundert, unsere Schule wuchs und wir führten drei unterschiedliche Bau- und Renovierungsprojekte durch, um genug Platz zu haben. Da für unsere finanziellen Bedürfnisse durch das Familienunternehmen gesorgt war, gaben Gayle und ich dreißig Prozent unseres Bruttoeinkommens als Zehnten und Gaben. Es war eine großartige Zeit für unsere Familie und für die Gemeinde.

Dann passierte etwas Schreckliches. Die ganze Geschichte wäre zu lang, um sie hier zu berichten. Nur so viel sei gesagt: Ohne daran Schuld zu tragen, verloren wir unser Haus und unsere Ersparnisse, und unser Einkommen wurde um siebzig Prozent gekürzt. Ich hatte wirklich nichts falsch gemacht, aber es schien mir, als sei mein Dienst zu Ende und ich würde wahrscheinlich nie wieder predigen.

Einige Leser werden sich sicher fragen, was eine solch dramatische Wendung hervorrufen könnte. Ich bitte dich, einfach darauf zu vertrauen, dass ich die Wahrheit erzähle. Die ganze Geschichte zu erzählen würde den Rahmen dieses Buches sprengen – und dich vermutlich den Kopf vor Verwunderung schütteln lassen ...

Als erste Reaktion wurde ich sehr wütend auf Gott. Zu diesem Zeitpunkt in meinem Leben war Wut immer das Gefühl, auf das ich zurückgriff, wenn etwas nicht gut lief, und diese Erfahrung war da keine Ausnahme. Ich erlebte mehrere Verluste und ich war wütend. Ich verlor meinen Ruf, meine Anstellung, meinen Beruf, meine Ersparnisse, mein Heim und jedes Gefühl der Sicherheit, das ich gehabt hatte. Deshalb wurde ich sehr wütend auf Gott.

In meinem Ärger setzte ich Sarkasmus in meinen Gebeten ein. Ich sagte: „Also, was wolltest du, Gott? Wolltest du, dass ich vierzig Prozent meines Bruttoeinkommens spende? Sollte ich noch härter arbeiten und noch mehr Stunden kostenlos geben? Hätte die Gemeinde schneller wachsen sollen? Ehrlich! Was wolltest du?“

Die klassische Definition von Depression ist nach innen gerichtete Wut. Nun ja, genau das passierte. Meine Wut richtete sich nach innen und ich wurde schwer depressiv. Ich war nie wegen Depressionen in Behandlung; irgendwie schaffte ich es Tag für Tag durchzukommen. Aber man, war ich depressiv und wütend!

Nach dreizehn (!) Jahren schließlich war ich wieder frei von Depressionen. Auch wenn ich mich finanziell noch nicht erholt habe, veränderten sich meine Geschicke zu diesem Zeitpunkt erheblich. Als langsam alles wieder in geordneten Bahnen lief, erkannte ich, dass ich nicht nur immer noch predigte, sondern auch dass sich mein Einflussbereich in einem Maße erweitert hatte, wie ich es nie für möglich gehalten hätte. Mein Einkommen hatte sich erheblich gesteigert und mein Ruf war besser denn je.

Damals begann ich, meine langjährige Depression und meinen Groll gegen Gott zu analysieren. Dabei kam ich zu einer sehr bescheidenen Schlussfolgerung. *Meine Wut auf Gott kam auf, als ich dachte, Gott sei mir mehr schuldig, als er mir gegeben hatte.* Ich wurde wütend, als ich glaubte, mein Opfer an Zeit, Talent und Geld hätte eine bessere Antwort von Gott verdient. Im Wesentlichen hatte ich unbewusst das Wohlstandsevangelium erwartet. Gott „schuldete" mir etwas wegen meiner guten Taten und meiner finanziellen Großzügigkeit.

Dann begann ich genauer zu analysieren, was Gott mir tatsächlich versprochen hatte, und ich fand heraus, dass Gott die Dinge, die ich von ihm erwartet hatte, niemals versprochen hat. Gott hat versprochen, mich zu lieben, mich anzunehmen, mir zu vergeben und mich zu erlösen. Er hat versprochen, mir Sinn und Zweck für mein Leben zu geben, mit mir durch jedes finstere Tal zu wandern (ein Versprechen, das beinhaltet, dass ich tatsächlich durch „finstere Täler" wandern werde) und mir eines Tages ewiges Leben zu schenken. Erst dann würde ich unvorstellbares Glück, dauerhaften Erfolg und ewiges Leben haben. Keines dieser Dinge ist hier auf diesem Planeten im Laufe dieses Lebens garantiert. Gott hat mir alles geschenkt, was er versprochen hat, und vieles, vieles mehr! Ich war wütend, weil diese „nicht versprochenen" Segnungen nicht länger angehalten hatten.

Als ich erkannte, dass meine Wut auf Gott unangebracht war – als ich zugeben musste, dass ich versucht hatte, Gott in Haftung für Dinge zu nehmen, die er mir nie versprochen hatte –, bekannte ich Gott meine Sünde und bat ihn um Vergebung. Dann bat ich

Gott, er möge meine gelebte Theologie in Übereinstimmung mit meiner gepredigten Theologie bringen. Ich bat ihn, mir zu helfen, nie wieder wütend auf ihn zu sein, weil er mir Dinge versagte, die er mir nie versprochen hat.

Jetzt spulen wir fast dreißig Jahre vor, zu dem Tag, an dem Gayle die Diagnose Krebs im Endstadium erhielt. Früher hätte ich mit Wut auf Gott reagiert. Ich wäre unsagbar wütend auf Gott, weil er mir meine gottesfürchtige Frau weggenommen hat. Aber sehr zu meiner Verwunderung verspürte ich absolut keinen Groll gegen Gott, als ich von der Diagnose erfuhr. Stattdessen fühlte ich nur Dankbarkeit. Ich war dankbar für die Segnungen, die ich über so viele Jahre hinweg erlebt hatte.

Gott hatte genau das für mich getan, worum ich ihn gebeten hatte. Er hatte meine gelebte Theologie in Einklang mit meiner gepredigten Theologie gebracht. Ich war nicht wütend auf Gott, weil er es unterließ, meine wundervollen Segnungen weiterzuführen. Ich war stattdessen dankbar für das, was ich erhalten hatte. Und bis heute bin ich nicht zornig auf Gott wegen dieses Verlustes.

Ich weiß nicht, ob meine Geschichte bei dir Anklang findet. Es kann sein, dass meine Erfahrung in keinerlei Weise deiner Erfahrung entspricht. Wenn ja, dann betrachte sie einfach als eine interessante Geschichte und belasse es dabei. Aber wenn meine Geschichte dich irgendwie an deine Erfahrungen erinnert, dann gibt es vielleicht auch etwas, das du daraus lernen kannst. Und wenn du die Lektion, die ich gelernt habe, ebenso lernst, dann hilft dir das vielleicht, mit deiner Wut auf Gott umzugehen.

Das hoffe ich und darum bete ich für dich.

Fragen & Impulse

1. Wenn du wütend auf Gott bist, kann es sein, dass diese Wut zumindest teilweise aus dem unterbewussten Glauben kommt, dass Gott dir mehr schuldet, als er dir gegeben hat? Glaubst du möglicherweise, Gott hätte dich weiterhin durch das Leben deines geliebten Menschen segnen sollen?

2. Wenn deine Antwort auf die oben gestellte Frage Ja lautet, was wirst du mit dieser Erkenntnis tun?

3. Es könnte dir helfen, über deine Wut auf Gott Tagebuch zu führen. Wo liegt die Ursache? Basiert deine Wut auf fehlerhaften Glaubensüberzeugungen oder Erwartungen?

19

Ärger und Schuldgefühle gegenüber dem Verstorbenen

Es gibt Zeiten, in denen sich dein Ärger gegen den Verstorbenen richtet. Dasselbe kann für Schuldgefühle gelten. Diese aufzulösen mag schwierig sein, da der Verstorbene auf deine Versuche der Versöhnung nicht reagieren kann. Wie solltest du also vorgehen?

Mein Vorschlag ist einfach. Schreib einen Brief an den Verstorbenen. Viele Menschen mögen so etwas sicherlich seltsam finden. Aber lass mich ausreden - ich bin sicher, du wirst es für hilfreich halten.

Ärger

Wenn du wütend auf den Verstorbenen bist, dann leg die Gründe dafür in einem Brief dar. Schreib den Brief so, als würde der Verstorbene ihn positiv aufnehmen, und sei vollkommen ehrlich. Es kann sein, dass dies nicht der Fall wäre, würde die Person noch leben; aber da sie nicht mehr da ist, kannst du den Brief so schreiben, als ob der Verstorbene ihn positiv aufnehmen würde. Beschreib ausdrücklich, wodurch die Person dich wütend gemacht hat, und sag genau, wie es dein Leben negativ beeinflusst hat. Teil deine Gefühle mit, die negativen Folgen des Handelns des Verstorbenen und was auch immer dir in dem Zusammenhang wichtig ist. Schreib einen sehr ausführlichen Brief.

Leg darin auch dar, wie dieses Verhalten deine Gefühle gegenüber dem Verstorbenen beeinflusst hat. Wenn es dich wütend gemacht oder verletzt hat – schreib es auf. Wenn du gekränkt bist oder du dich sogar nach Rache sehnst – schreib es auf. Wenn das Verhalten dieser Person dazu beigetragen hat, dass du sie weniger liebst, teil das ebenfalls in diesem Brief mit. Sei vollkommen ehrlich.

Erklär dann in dem Brief, dass du beschlossen hast, ihm trotz allem, was er getan hat, trotz dessen, wie dieses Verhalten dein Leben negativ beeinflusst hat, und sogar trotz dessen, wie es deine Gefühle für den Verstorbenen beeinflusst hat, zu vergeben. Schreib insbesondere die Worte *Ich vergebe dir*. Eigentlich hat niemand Vergebung verdient. Wenn die Person sie verdient hätte, würde sie sie gar nicht brauchen! *Du verdienst die Freiheit und die Erleichterung, die du erlebst, wenn du dieser Person vergibst. Aus diesem Grund tust du es.*

Wenn du fertig bist, empfehle ich dir, praktisch etwas damit zu tun. Vielleicht befestigst du den Brief an einem Heliumballon und lässt ihn nach einem Gebet oder einer für dich stimmigen Zeremonie los, als ob du ihn himmelwärts schickst. Jetzt ist es nicht länger dein Problem. Jetzt gehört es Gott und du hast kein Recht, noch länger an deinem Groll festzuhalten. Du hast ihn abgegeben.

Eine weitere Idee wäre, eine Schachtel zu basteln oder zu verzieren, die dann deine „Gottkiste" ist. Nachdem du den Brief geschrieben hast, legst du ihn in die Schachtel, um zu verdeutlichen, dass du die Angelegenheit Gott überlassen hast. Wann immer du versucht bist, die Gefühle rund um diesen Schmerz wieder aufleben zu lassen, tu es nicht – denn diese Sache gehört nun Gott. Sie ist nicht mehr in deinem Besitz.

Schuldgefühle

Wenn du dich wegen etwas schuldig fühlst, das du dem Verstorbenen angetan hast, schreib ebenfalls einen Brief an ihn. Beschreibe, was du getan und gesagt hast oder was du nicht getan oder gesagt hast, was in deinen Augen unangebracht war. Bitte den Verstorbenen um Verzeihung und stell dir vor, dass die Person die Worte *Ich vergebe dir* sagt. Dann bring das Problem vor Gott und berichte ihm davon. Stell dir vor, wie Gott dieselben Worte sagt, *Ich vergebe dir*.

Vielleicht möchtest du den Brief vernichten, indem du ihn nach einem Gebet oder einer für dich hilfreichen Zeremonie verbrennst. Oder du entscheidest dich für den Heliumballon oder die Gottkiste, um einen Abschluss zu finden. Beide Methoden funktionieren gut.

Wenn du fertig bist, erinnere dich daran, dass das Problem weg ist. Dir wurde vergeben und das Leben kann neu beginnen. Lass los! Du wirst erst unbeschwert leben, wenn du es getan hast.

Fragen & Impulse

1. Verspürst du Wut oder Schuld gegenüber dem Menschen, um dessen Verlust du trauerst?
2. Für welche Methode, mit diesen Gefühlen umzugehen, entscheidest du dich? Setz dir selbst eine Frist, um die Aufgabe zu erfüllen, dich mit deinen Gefühlen der Wut oder Schuld auseinanderzusetzen.
3. Schreibe, denke, rede und weine weiterhin.

20

Berechtigte Wut

Jeder Verlust ist einzigartig und kein Verlust ist einfach. Die schwierigsten Verluste sind vielleicht die, bei denen jemand für den Tod eines geliebten Menschen verantwortlich gemacht werden kann. Beispiele hierfür sind Mord, Totschlag, Missbrauch, Vernachlässigung, Selbstmord und kriegerische oder terroristische Handlungen. Häufig begleitet Wut einen solchen Verlust und macht das Trauern umso komplizierter.

Verluste wie die eben genannten schließen häufig eine kompliziertere Trauer mit ein, und das Verarbeiten der Trauer kann deshalb länger dauern. Größtenteils sind diese Komplikationen auf eine Wut auf die Personen zurückzuführen, von denen man denkt oder weiß, dass sie für den Tod des geliebten Menschen verantwortlich sind. Solche berechtigte Wut erschwert die Trauerarbeit umso mehr.

Bevor ich fortfahre, lass mich festhalten, dass ich nie einen nahen Verlust dieser Natur erlebt habe. Obwohl ich natürlich Menschen gekannt habe, die auf eine der oben genannten Weisen gestorben sind, habe ich niemanden, der mir nahestand, auf diese Art verloren. Deshalb kann ich über solche Verluste nicht aus eigener Erfahrung sprechen. Ich habe viele Menschen beraten, die solche Verluste erlebt haben, aber das ist natürlich weit entfernt davon, diese Erfahrung persönlich gemacht zu haben. Meine einzigen Erfahrungen in diesem Bereich habe ich in Form persönlicher Verluste gemacht, bei denen niemand starb und die von jemand anderem verursacht wurden. Durch diese Verluste fühlte ich eine intensive, berechtigte Wut auf den oder die Verantwortlichen. Aber wie gesagt, diese Verluste waren anderer Natur und nicht jene, bei denen ein geliebter Mensch stirbt.

Ich teile dies alles mit im Sinne völliger Offenheit. Die Vorschläge, die ich hier mache, sind entweder Dinge, die ich in meiner Tätigkeit als Berater oder von Menschen gelernt habe, die diese Art von Verlust erlebt haben. Die Wissenschaft und Forschung in diesem Bereich geben Aufschluss über das Thema und ich habe einiges Wertvolles durch meine eigene Erfahrung mit berechtigter Wut gelernt.

Ich habe herausgefunden, dass Ärger, ob nun berechtigt oder nicht, mir langfristig gesehen viel mehr schadet als der Person, auf die sich meine Wut richtet. Auf kurze Sicht ist diese Erkenntnis wenig hilfreich. Sie ist später im Verlauf der Trauerbewältigung wertvoll. Aber zu Anfang hat sie nur einen geringen Wert.

Zu Beginn des Trauerprozesses zeigt mir meine Wut, besonders wenn sie berechtigt ist, dass etwas nicht in Ordnung ist. Sie erinnert mich daran, dass Unrecht geschehen ist. Das ist zu Beginn des Prozesses sogar ziemlich hilfreich. *Obwohl es mir nur wenig Trost bringt, erinnert es mich wenigstens daran, dass etwas Bedeutendes aus dem Gleichgewicht geraten ist.* Gäbe es das Objekt meines Ärgers nicht, dann wäre der Verlust nie eingetreten. Meine Wut auf die Person zu richten, die dafür verantwortlich ist, kann tatsächlich in gewisser Weise wertvoll sein. Es hilft, die Dinge ins rechte Licht zu rücken.

Die Wut zu bewältigen und in frühen Trauerphasen produktive Möglichkeiten für den Umgang damit zu finden, kann extrem schwierig sein. Es ist ratsam, professionelle Hilfe zur Unterstützung zu suchen.

Letzten Endes fordert der Zorn seinen Tribut. Er wird zu schwer, um ihn mit sich herumzutragen, und stellt daher ein Hindernis für den Heilungsprozess dar. Um effektiv trauern zu können, muss man sich seiner Wut stellen.

Wie setzt man sich mit seinem Ärger auseinander? Ich habe nur einen einzigen Weg gefunden. Die wirksamste Methode, mit seiner Wut umzugehen, ist zu vergeben. Vergebung gibt dir die Möglichkeit, den Ärger ad acta zu legen und deine Energie wieder auf die Trauer zu konzentrieren anstatt darauf, den Täter zu hassen.

Also, bevor du dieses Buch jetzt in die Ecke wirfst, lass mich noch mit einigen falschen Vorstellungen zum Thema Vergebung aufräumen.

Falsche Vorstellungen

Lass uns einige der falschen Vorstellungen von Vergebung auflösen:

Vergeben heißt Vergessen. Auch wenn es durchaus möglich ist, sich dafür zu entscheiden zu vergeben, ist es praktisch unmöglich, tatsächlich zu vergessen. Glücklicherweise ist es nicht notwendig zu vergessen, um zu vergeben. Die Tatsache, dass du dich an das Unrecht, das geschehen ist, erinnerst, bedeutet nicht, dass du es eigentlich nicht vergeben hast.

Vergebung erfordert Versöhnung. In einigen Fällen kann und sollte Vergebung zur Versöhnung führen. Doch mit einigen Menschen ist es nicht „sicher", eine Beziehung zu führen. In diesen Fällen kannst du dich entscheiden zu vergeben, während du eine gesunde Distanz zur betreffenden Person wahrst. Oft mag dies die absolut beste Option sein.

Vergebung bedeutet, dass das, was geschehen ist, keine Bedeutung hat. Diese Aussage ist *falsch.* Es ist von Bedeutung! Es war verletzend. Es war falsch. Es zog schreckliche Konsequenzen nach sich. Es ist wirklich von Bedeutung. Es ist wirklich eine große Sache!

Stattdessen sagt Vergebung: „Was du getan hast, war furchtbar und hatte schreckliche Konsequenzen. Aber ich habe beschlossen, dir das, was du getan hast, zu vergeben."

Vergebung bedeutet, der Täter sollte die Konsequenzen für das Unrecht, das geschehen ist, nicht zu spüren bekommen. Das ist eindeutig nicht wahr. Du kannst vergeben und gleichzeitig erwarten, dass die Konsequenzen dennoch spürbar sind.

In einer Fernsehsendung, die ich moderierte, interviewte ich einen Mann, dessen siebzehnjähriger Sohn, ein Schüler und Sportler, von einem siebenundzwanzigjährigen Wiederholungstäter, der betrunken Auto gefahren war, getötet wurde. Der betrunkene Fahrer wurde verurteilt und kam ins Gefängnis.

Schließlich vergab der Vater dem Mann, der seinen Sohn getötet hatte. Er besuchte den jungen Mann im Gefängnis und half ihm, die Vergebung Gottes zu finden. Der ehemalige betrunkene Fahrer sagt jetzt, er möchte Pastor werden, wenn er aus dem Gefängnis entlassen wird, und bezeichnet den Vater nicht nur als seinen besten Freund, sondern als seinen neuen Papa!

Ich fragte den Vater: „Jetzt, wo Sie diesem jungen Mann vergeben haben und er die Vergebung Gottes und neuen Glauben gefunden hat, sollte man ihn da vorzeitig aus der Haft entlassen?"

Seine Antwort war: „Nein! Ich liebe diesen jungen Mann und habe ihm völlig vergeben; trotzdem hat er meinen Sohn getötet und muss für die Konsequenzen seiner Entscheidungen, die das Leben meines Sohnes gekostet haben, bezahlen. Wenn er aus der Haft entlassen wird, werde ich ihm so gut ich kann helfen, aber er muss erst die Folgen für das Verhalten erleben, durch das mein Sohn starb."

Die Antwort des Vaters war gesund. Er hatte dem Mann, der seinen Sohn getötet hatte, vergeben, aber dennoch erwartete er, dass dieser die Konsequenzen für sein unrechtmäßiges Verhalten tragen würde.

Der Täter „verdient" deine Vergebung. Im Grunde verdient niemand es wirklich, dass ihm vergeben wird. Aber *du* verdienst die Freiheit und Freude, die man erlebt, wenn man seinen Ärger und Groll dieser Person gegenüber loslässt. Außerdem musst du dich von der ermüdenden emotionalen Belastung befreien, die dein Groll mit sich bringt, sodass du diese Energie für deine Trauer und schließlich für deine Heilung aufbringen kannst.

Wahrheiten über Vergebung

Nachdem wir einige falsche Vorstellungen von Vergebung untersucht haben, hier nun einige wichtige Wahrheiten:

Vergebung mündet nicht immer in positive Gefühle oder sogar in Liebe. Gefühle sind kompliziert und sollten nicht als Prüfstein für aufrichtige Vergebung dienen. Auch sollten sie nicht das Ziel von Vergebung sein. Es ist wichtig, Ärger loszulassen, aber es ist nicht erforderlich, dem Täter gegenüber positive Gefühle zu entwickeln.

Vergebung befreit dich emotional. Ärger und Wut rauben eine enorme Menge an emotionaler Energie. Der Entzug an emotionalen Ressourcen ist viel zu groß, um ihn für längere Zeit aufrechtzuerhalten. Vergebung stoppt den Entzug von emotionaler Energie und erlaubt dir, diese Energie neu in positive Aktivitäten zu investieren. Vergebung ermöglicht dir, den Fokus vom Täter wegzunehmen und ganz auf den Verlust zu richten.

Vergebung ermöglicht Freude und lässt dich Liebe geben und empfangen, und sie erlaubt dir, auf eine bessere Zukunft zu hoffen. Nichts davon ist erreichbar, solange wir an unserem Ärger festhalten.

Wie man vergibt

Vergebung ist selten einfach; und in Fällen, in denen das Vergehen den Tod eines geliebten Menschen zur Folge hatte oder zumindest dazu beigetragen hat, ist Vergebung extrem schwierig. Von daher kann es hilfreich sein, Vergebung als einen Prozess zu sehen, der Wochen, Monate oder sogar Jahre dauern kann.

Der folgende Vier-Schritte-Plan soll dich im Prozess der Vergebung unterstützen. Jeder dieser vier Schritte kann bis zu seinem Abschluss einige Zeit in Anspruch nehmen. Ich empfehle, die Antworten zu jeder in diesem Plan genannten Fragen aufzuschreiben.

Dieser Prozess wurde von Tausenden von Menschen durchgeführt, die ihn nützlich fanden – vielleicht ist er das für dich ebenfalls.

1. Fühle es. Frag zu Beginn einfach: Was ist passiert und wie hat es mein Leben beeinflusst? Gib detaillierte Antworten. Nenne die Tat beim Namen und beschreibe die Folgen ausführlich, sowohl kurzfristige als auch langfristige.

Warum hier anfangen? Wenn das Ziel die Vergebung ist, dann ist es wichtig, genau zu wissen, was du vergibst. Fühle es und beschreibe es. Schreib es auf, damit du schwarz auf weiß siehst, was du vergeben wirst.

2. Gestehe es dir ein. Die Fragen für diesen Schritt lauten: Wer war der Täter und welche Gefühle habe ich ihm gegenüber? Jetzt wird's persönlich. Wir nennen den Täter und beschreiben unsere Gefühle.

Viele empfinden dem Täter gegenüber gemischte Gefühle. Selten haben wir nur eine Empfindung gegenüber einer Person. Du kannst den Täter gleichzeitig lieben und hassen. In diesem Fall kann es nützlich sein, etwas zu formulieren wie: „Ein Teil von mir hasst ihn und will ihn nie wieder sehen, während ein anderer Teil von mir ihn liebt und sich nach Versöhnung sehnt."

Diese Dinge aufzuschreiben, hilft dir, die Komplexität der Tat und die Bandbreite deiner Gefühle zu verstehen, und es gewährleistet, den vollen Umfang dessen zu erkennen, was du vergeben willst. Das ist ein gesunder Schritt.

3. Behebe es. Obwohl es sich leicht anhört, fängt hier die richtige Arbeit erst an. Die Frage, die wir nun stellen, lautet: Was werde ich dagegen tun? Nachdem du verstanden hast, was geschehen ist, wie es dich beeinflusst hat, wer es getan hat und was du für diese Person empfindest, bist du bereit für den nächsten Schritt. Und die Antwort auf die Frage lautet: Ich entscheide mich dafür, dieser Person zu vergeben.

Das ist nicht einfach. Es kann eine Weile dauern, das zu erreichen, aber es ist wichtig, sich daran zu erinnern, dass Vergebung weniger ein Gefühl als vielmehr eine Entscheidung ist. Wir können uns entscheiden zu vergeben, auch wenn wir keine Vergebung fühlen. Wenn wir beschließen zu vergeben und an dieser Entscheidung festhalten, folgen die Gefühle der Vergebung recht häufig von selbst. Aber zuerst müssen wir uns dafür entscheiden.

Wenn du diese Entscheidung einmal getroffen hast, schreib sie auf. Schreibe die folgenden Worte auf und sprich sie laut aus: *Ich vergebe dir*. Jedes Mal, wenn du fühlst, wie die Wut in dir aufsteigt, erinnere dich an deine Entscheidung und weise das Gefühl des Ärgers zurück.

4. Belasse es dabei. Der letzte Schritt beinhaltet eine wichtige Frage: Wie will ich mit dem Täter umgehen?

Wenn der Täter dir nahesteht, kann es sein, dass du beschließt, ihn so zu behandeln, als habe er den Menschen, der verstorben ist, niemals verletzt. Das ist das optimale Ergebnis von Vergebung und bei Weitem das erstrebenswerteste.

Es gibt jedoch auch Umstände, in denen der Täter für eine Beziehung nicht geeignet ist. Das gilt für Fälle von Missbrauch, Mord, Terrorismus oder kriegerische Handlungen. Du kannst vergeben und deine Gefühle von Wut und Groll loslassen, ohne dich zu versöhnen oder positive Gefühle für den Täter zu entwickeln. Positive Gefühle sind für Vergebung nicht notwendig. Es ist nur nötig, die Bitterkeit, den Ärger, die Wut und die Sehnsucht nach Rache loszulassen. All das wirkt wie Gift und ist letztendlich zerstörerisch.

Schwierig, aber wichtig

Vergebung ist fast immer schwierig. Wenn die Tat zum Tod eines geliebten Menschen geführt hat, dann stellt Vergebung eine gewaltige Aufgabe dar. Doch wenn du aufrichtig nach Heilung suchst, ist es erforderlich, dass du vergibst. Du wirst dir das Leben schwer machen, solange du es nicht tust.

Fragen & Impulse

1. Solltest du jemandem vergeben? Notiere den Namen der Person und geh die Verpflichtung ein, zu vergeben.

2. Beschreibe in deinem Tagebuch oder auf deinem Blog deine Gefühle beim Gedanken daran, dieser Person zu vergeben. Sei beim Schreiben ganz ehrlich.

3. Wenn du bereit bist, starte den Vergebungsprozess. Folge dem Vier-Schritte-Plan für Vergebung ohne genaue Erwartungen, wie lange der Prozess dauern sollte. Das Wichtigste ist, überhaupt in den Prozess einzusteigen.

21

Selbstmord

Selbstmord gehört zu den Todesarten, die am schwersten anzunehmen sind. Oftmals plötzlich und unerwartet, wirft diese Todesart eine Vielzahl von „Was, wenn"-Fragen auf. Diejenigen, die einen Selbstmord betrauern, fragen häufig: „Was, wenn ich etwas anderes gesagt oder getan hätte?", oder: „Was, wenn ich aufmerksamer oder wachsamer gewesen wäre?"

Es kommt häufig vor, dass die Trauernden nach einem Selbstmord wütend auf das Opfer sind. Dies gilt besonders, wenn die Depression des Opfers zu gestörten Beziehungen innerhalb der Familie geführt hat.

Religiöse Lehren können diesen Verlust zusätzlich erschweren. Wenn Selbstmord als unverzeihliche Sünde bezeichnet wird, fühlt sich der Verlust noch tiefgreifender und hoffnungsloser an.

Ich würde gerne eine andere Sicht auf Selbstmord aufzeigen. Ich bin mir sicher, dass diese Sichtweise deinen Schmerz nicht lindern wird, aber sie kann ihn vielleicht vereinfachen, indem sie entlarvt, was in meinen Augen falsche Lehren über Selbstmord sind.

Selbstmord versteht man am besten als Symptom einer Krankheit. Die Krankheit heißt Langzeitdepression. Eine schwere Depression hat viele Symptome, nicht zuletzt die Unfähigkeit, logisch zu denken. Wenn das rationale, kritische Denken fehlt, kann Selbstmord dem an Depression Leidenden als die vernünftigste Alternative zu seinem Schmerz erscheinen. Er kann dem Leidenden auch als ein Akt der Gnade gegenüber seinen geliebten Menschen vorkommen. Das ist natürlich unlogisch. Aber wer an schweren Depressionen leidet, ist nicht in der Lage, Selbstmord als unlogische Entscheidung zu erkennen.

Wenn Selbstmord von jemandem, der an einer schweren Depression leidet, als logisch und sogar liebevoll wahrgenommen wird, kann es dann wirklich Sünde sein? Kann es tatsächlich eine unverzeihliche Sünde sein, vor allem da es keine Möglichkeit zur Buße gibt?

Ich würde sagen, dass für Menschen, die die Fähigkeit des logischen Denkens verloren haben, Selbstmord keine Sünde ist. Es ist der natürliche Verlauf der Krankheit einer schweren Depression. *Genauso wie Krebs, Masern und Mumps einen natürlichen Krankheitsverlauf mit erkennbaren Symptomen haben, so auch die Depression.* Eines dieser Symptome ist der Verlust rationalen Denkens. Der natürliche Krankheitsverlauf wäre dementsprechend Selbstmord. So gesehen wäre Selbstmord für einen an Langzeitdepressionen Leidenden nicht sündhafter als die Symptome und der Verlauf jeder anderen Krankheit. Ich wüsste nicht, wie ein liebender Gott solch einen Menschen für den Verlauf einer Krankheit, die sich seinem Einfluss entzieht, zur Verantwortung ziehen könnte!

So gesehen glaube ich, dass es Selbstmordopfern vollkommen möglich ist, Erlösung und ewiges Leben bei Jesus zu finden. Ich glaube nicht, dass es eine Sünde ist, geschweige denn eine unverzeihliche Sünde. Es ist stattdessen ein Symptom einer verheerenden Krankheit.

Dieses Verständnis wird nicht viel dazu beitragen, den Schmerz der Trauer zu lindern, aber es kann ihn vielleicht etwas vereinfachen. Und es kann auch die Tür für die Hoffnung auf ein Wiedersehen mit dem geliebten Menschen öffnen. Ich glaube, diese Hoffnung ist sehr real!

Fragen & Impulse

1. Hast du jemanden durch Selbstmord verloren? Inwiefern war dieser Verlust schwerer zu verarbeiten als andere Verluste?

2. Haben religiöse Lehren dir geholfen, über diesen Verlust zu trauern? Oder hat das, was du gelernt hast, dazu beigetragen, deinen Schmerz zu vergrößern?

3. Findest du das Verständnis von Selbstmord, wie es in diesem Kapitel beschrieben wurde, hilfreich? Warum oder warum nicht?

4. Scheu dich nicht davor, dir kompetente Beratung zu diesem Thema zu suchen.

22

Ausräumen und Treulosigkeit

In den vergangenen Monaten habe ich viel Zeit damit verbracht, die Kisten durchzusehen, die Gayle und ich in den vergangenen vierzig Jahren von einem Platz an den nächsten geräumt haben. Einige Dinge, die ich in diesen Kisten, die selten geöffnet wurden, gefunden habe, zauberten mir ein Lächeln auf die Lippen, während andere mich zu Tränen rührten. Mit jeder neuen Entdeckung kam eine Flut von Erinnerungen. Und erstaunlicherweise erlebte ich etliche Überraschungen – angenehme Überraschungen, aber dennoch Überraschungen.

Obwohl ich ein paar Dinge, die ich gefunden habe, behalte und einiges mehr mit meiner Familie teile, spende ich den größten Teil oder werfe ihn weg. Es sind Sachen, die wir vor vielen Jahren hätten aussortieren sollen, aber wir waren zu beschäftigt, um alles durchzusehen. Einige Dinge gehörten mir, andere Gayle; aber das meiste war Ramsch.

Ob du es glaubst oder nicht – es hat etwas Therapeutisches, alle diese Dinge durchzugehen und vieles davon auch auszusortieren. Es ist für mich zu einem Symbol geworden. Für mich repräsentiert es einen Neuanfang. Es geht nicht darum, die Vergangenheit zu vergessen oder gar abzuwerten. Die Erinnerungen und die Liebe bleiben für immer mein. Stattdessen erkenne ich, dass gerade ein neues Kapitel meines Lebens beginnt, während das andere endet. Die Hoffnung kehrt zurück und ihre Rückkehr wird gewissermaßen dadurch eingeleitet, dass ich die Menge an Krempel, den ich besitze, reduziere.

Für manche Menschen mag das lächerlich klingen, aber es ist wahrhaft wertvoll. Ich gehe vorwärts, ich lasse los, und mit leichtem Gepäck zu reisen hilft, den Prozess zu vereinfachen.

Treulosigkeit?

Häufig, wenn ich über das Ausräumen, das Loslassen oder über Veränderungen spreche, erzählen mir einige Zuhörer, sie hätten das Gefühl, treulos zu sein, wenn sie diese Dinge täten. Ich kritisiere dieses Gefühl nicht, da ich es selbst empfunden habe. Ich bin jedoch zu der Überzeugung gelangt, dass dies ein ganz normaler Teil des Trauerprozesses ist.

Wenn wir versuchen, die Vergangenheit hinter uns zu lassen, nehmen wir häufig große Veränderungen vor. Diese Veränderungen können bedeuten, Dinge anders zu tun, als wir es gewohnt waren, als unser geliebter Mensch noch am Leben war. Es bedeutet, mit alten Traditionen zu brechen oder Dinge wegzugeben, die unser geliebter Mensch geschätzt hat. Sogar unsere gegenwärtige Erfahrung der Freude kann sich falsch anfühlen. Irgendwie haben wir das Gefühl, wir seien unserem geliebten Menschen gegenüber untreu oder zumindest illoyal.

Etwas so Einfaches wie den Ehering abzulegen kann großes Unbehagen verursachen. Um ehrlich zu sein, ich bin online gegangen und habe danach gesucht, wie lange man warten sollte, bevor man den Ehering abnimmt. Was ich herausgefunden habe: Es gibt keine richtige Antwort auf diese Frage. Der richtige Zeitpunkt ist dann, wenn es der richtige Zeitpunkt für *dich* ist! Aber es fühlt sich dennoch seltsam an, eine Handlung zu vollziehen, die ein weiteres Ende der Beziehung bedeutet.

Das trifft besonders dann zu, wenn eine verwitwete Person über die Möglichkeit nachdenkt, wieder eine Liebesbeziehung einzugehen oder sogar noch einmal zu heiraten. Wir haben ziemlich viele Jahre damit verbracht, jede andere Art einer romantischen Beziehung zu meiden, und jetzt fühlt sich jeder Versuch, in diesen Prozess zurückzukehren, fast wie Betrug an.

Wieder fragen wir uns: War das lange genug? Bin ich zu schnell? Erscheint es dem Menschen, den ich so viele Jahre geliebt habe, gegenüber treulos? Und wieder einmal gibt es keine einfache Antwort auf diese Frage.

Veränderungen sind unvermeidlich. Im Grunde genommen haben die größten Veränderungen bereits ohne deine Zustimmung oder irgendeine Entscheidung deinerseits stattgefunden. Dein geliebter Mensch ist verstorben und das hat eure Beziehung für immer verändert. Sie existiert jetzt nur noch in deiner Erinnerung und in deinem Herzen, wohingegen sie vorher aus Kommunikation von Angesicht zu Angesicht, Berührungen, Umarmungen, dem gemeinsamen Treffen von Entscheidungen und vielem mehr bestand. All diese Dinge gehören jetzt der Vergangenheit an und sind diesseits des Himmels nicht wiederzuerlangen. Alles Weitere ist jetzt weniger ein Entschluss zur Veränderung, sondern einfach eine Anpassung.

Die Zeitachse für die Umstellung wird je nach Person variieren, von daher ist es unmöglich zu sagen, es ist zu früh, den Ring abzunehmen, zu früh, die Kleidung des geliebten Menschen wegzugeben, oder zu früh, das Haus zu verkaufen. Mit Beziehungsentscheidungen verhält es sich fast genauso – unter der einzigen Bedingung, dass die Entscheidung, in eine neue Beziehung zu investieren, erst getroffen wird, nachdem die wesentlichen Gefühle des Verlustes verarbeitet wurden. Wenn eine neue Beziehung einfach nur dazu dient, den Schmerz auszublenden, dann werdet du und deine Angebetete irgendwann in der Zukunft dafür bezahlen.

Wenn du in deinem Versuch, alle Emotion zu verarbeiten, ehrlich bist, dich mit den Tätigkeiten der Trauerarbeit beschäftigst und dich aufs Erreichen deiner Ziele zubewegst, dann ist es unwahrscheinlich, dass du in irgendeinem Wortsinne treulos bist. Vielleicht wäre es für uns alle sinnvoller, wenn wir uns weniger darum sorgten, ob wir treulos sind, und stattdessen unsere

Energie auf die unglaublich harte Arbeit der Trauer konzentrieren würden.

Fragen & Impulse

1. Konntest du die Sachen, die deinem geliebten Menschen gehörten, durchsehen? Konntest du dich bereits von irgendetwas trennen oder hältst du an den Dingen fest?

2. Gibt es Veränderungen, die du seit dem Tod deines geliebten Menschen vorgenommen hast, die dir das Gefühl geben, treulos zu sein? Wenn ja, wie gehst du mit diesen Gefühlen um?

23

Von Schreinen und Herzen

Während ich als Hospizseelsorger tätig war, arbeitete ich auch in der Trauerbegleitung von Familien nach einem Verlust. Eins der Dinge, vor denen wir warnten, war das sogenannte Schreinbauen.

Das Bauen eines Schreins bezieht sich nicht auf die kleinen Schreine, die man entlang von Landstraßen sieht, wo jemand bei einem Verkehrsunfall gestorben ist. Das Schreinbauen, vor dem wir warnten, betrifft die Gepflogenheit, Dinge, Orte oder Traditionen für so heilig zu erklären, dass über Monate oder sogar über Jahre niemand wagen darf, sie zu berühren oder zu verändern. Zu verkünden, dass niemand das Zimmer eines verstorbenen Kindes betreten oder Gegenstände darin berühren darf, dass niemand die Sachen eines verstorbenen Ehepartners durchsehen darf, dass niemand mit dem Auto eines Verstorbenen fahren darf oder dass niemand eine veraltete Tradition, die der Verstorbene liebte, verändern darf, ist Schreinbauen und kann extrem ungesund sein.

Schreinbauen hält das Leben davon ab weiterzugehen. *Es blockiert praktisch den Trauerprozess für alle Beteiligten.* Es erklärt, dass das Leben für immer so eingefroren bleiben muss, wie es war, als der geliebte Mensch gestorben ist. Keiner darf sich verändern oder weitergehen, weil der Verlust so groß ist, dass jeder in einem fortwährenden Zustand der Trauer leben muss.

Dies passiert nicht nur mit Dingen, Orten oder Traditionen; es passiert auch mit dem Leben an sich. Ich bin Menschen begegnet, die sich weigerten, Häuser zu verkaufen, den Beruf zu wechseln oder eine neue Beziehung einzugehen – alles angeblich aus Respekt dem Verstorbenen gegenüber. Indem sie das taten, machten sie praktisch einen Schrein aus ihrem eigenen Leben! Ihr Leben ist jetzt richtiggehend beschränkt durch die Loyalität dem Verstorbenen gegenüber. Sie bleiben in der Zeit stehen, erstarrt in Trauer.

Ein besserer Weg, den Verstorbenen zu ehren, ist vielleicht, tatsächlich wieder zu leben! Warum sollte das besser sein? Es ist besser, weil es den Fokus auf das Herz des geliebten Menschen richtet.

Es ist immer gut, auf das Herz der Menschen zu hören, die man liebt. Als Eheberater empfehle ich meinen Klienten, auf mehr als nur auf die Worte zu hören, die ihr Ehepartner zu ihnen spricht; inniger, aufmerksamer auf das Herz des Partners zu hören. Welche Dinge sind für den Ehepartner tatsächlich von Bedeutung? Was schätzt er wirklich? Kann man die tiefste Sehnsucht des Partners benennen, seinen Herzenswunsch?

Lass uns jetzt dieses aufmerksame Zuhören auf das Herz deines geliebten Menschen anwenden, den du verloren hast. Was wäre sein oder ihr wahrer Herzenswunsch für dein Leben?

Ich behaupte, dass dein geliebter Mensch sich danach sehnen würde, dass du auch weiterhin ein sinnerfülltes Leben führst, das anderen zum Segen dient, Gott ehrt und dich glücklich macht. Allerdings wird dieses Weiterführen nicht sofort beginnen. In den meisten Fällen ist ein Jahr das Minimum an notwendiger Zeit, um deinen Verlust angemessen zu betrauern, bevor du ein völlig neues Leben beginnst. Aber wenn du dir genügend Zeit genommen hast und die harte Arbeit der Trauer mehr oder minder hinter dir liegt, mag es an der Zeit sein, dich neu zu orientieren und wieder wahrhaft zu leben. Und indem du das tust, verpflichtest du dich zu einem Leben, das dem Herzenswunsch deines geliebten Menschen entspricht.

Bevor Gayle starb, gab sie mir einige Anweisungen. Sie sagte mir, ich solle nichts bereuen, was unser gemeinsames Leben betrifft. Obwohl es sicherlich nicht ohne Makel war, war es ein großartiges Leben! Jedes Unrecht, das einer von uns getan haben mag, hat der andere längst vergeben und vergessen. Also sollte ich nichts bereuen.

Aber sie sagte mir auch, ich solle unser Leben weiterleben. Das sollte heißen, ich solle denselben Fokus beibehalten. Es hat vierzig Jahre lang gut funktioniert und wird mir auch in den kommenden Jahren weiterhin von Nutzen sein. Unser gemeinsames Leben hatte einen dreifachen Fokus: Glaube, Familie und Mission. *Sie wollte, dass ich weiterhin für Jesus brenne, weiterhin der Familie nahestehe und sie liebe und weiterhin ein Leben im Dienst für andere führe*. Ich habe mich bisher bemüht, Gayles Herzenswunsch für mein Leben treu zu sein.

Trotzdem heißt „unser Leben zu leben" *nicht*, dass ich für immer alles genau so tun werde, wie ich es in der Vergangenheit getan habe. Meine Beziehungen zu Jesus und zur Familie werden sich sicher verändern und über die Jahre wachsen. Die Familie wird vielleicht neue Wege finden zueinanderzustehen, neue Wege, das Leben zu feiern, und neue Wege zu leben. Das ist immer noch im Einklang mit dem Hauptfokus. Und vielleicht oder vielleicht auch nicht werde ich weiter für *Faith For Today* arbeiten. So wie Gott mich führt und wie meine Bedürfnisse und Wünsche sich ändern, kann es sein, dass der Kontext meines Dienstes sich verschiebt. Mich zu weigern, irgendetwas aus Loyalität Gayle gegenüber zu verändern, bedeutet einen Schrein aus meinem Leben zu bauen und daran zu scheitern, ihren Herzenswunsch zu erhören.

Vielleicht verkaufe ich mein Haus, wechsle den Beruf, heirate wieder oder mache tausend andere Veränderungen in meinem Leben – und dennoch würdige ich Gayles Andenken, indem ich ein Leben des Glaubens, der Familie und der Mission führe. Sich dagegen zu stemmen, neue Möglichkeiten in Betracht zu ziehen, kann ungesund sein. Es kann zum Schreinbauen führen.

Ich werde keinen Schrein aus meinem Leben bauen oder auf sonst irgendeine Weise. Für den Rest meines Lebens werde ich zu einem gewissen Grad trauern. Die Erinnerungen werden mir bleiben, solange ich einen klaren Gedanken fassen kann. Aber ich gelobe, Gayles Andenken zu würdigen, indem ich wieder richtig lebe. Ich werde ihren Herzenswunsch durch ein Leben voller Sinn, Freude und Liebe ehren.

Fragen & Impulse

1. Hast du irgendwelche Schreine gebaut? Betrachtest du diese als gesund oder ungesund?

2. Bereust du etwas in Bezug auf deine Beziehung zu dem Verstorbenen? Wenn ja, wie wirst du es verarbeiten?

24

Der Trauerweg, Erinnerungen und Fortschritte

Als Gayles erster Todestag näher rückte, ertappte ich mich dabei, wie ich zurückschaute. Ich erinnerte mich an das üble Gefühl, das mich überkam, als wir erkannten, dass die Diagnose „unheilbar“ lautete. Ich geriet zwar nicht in Panik, doch ich konnte mir ein Leben ohne sie unmöglich vorstellen. Wir waren im wahrsten Sinne des Wortes ein Team und lebten unsere Leben so eng miteinander verflochten, wie manch andere Paare es nie völlig verstehen werden. Unsere Liebe war stark, unser Vertrauen vollkommen, unser Fokus scharf und unsere Bestimmung klar. Wir waren, zumindest aus unserer Sicht, so sehr „ein Fleisch“, wie ich es selten in einer Ehe erlebt habe. Das Ausmaß meines Verlustes war unermesslich.

Der Schmerz des unmittelbaren Verlustes war absolut überwältigend. *Das Einzige, was ich tatsächlich tun konnte, war einfach einen Fuß vor den anderen zu setzen.* Ich weinte jeden Morgen und dann wieder jeden Abend, war den ganzen Tag lang tieftraurig und weinte ungehemmt bei jedem neuen Erlebnis. Über Gayle zu sprechen war Trost und Herausforderung zugleich. Ich musste reden und meine Erinnerungen teilen, doch das Sprechen brachte mich nur noch mehr zum Weinen. Jeden Tag galt mein erster und letzter Gedanke Gayle. Die Erinnerung an sie beherrschte jede Stunde des Wachseins.

Alles fühlte sich merkwürdig an. Familientreffen, Gottesdienste, Pastorendienst, gesellschaftliches Beisammensein, Putzen, Kochen, Essen, Reisen, Hotelübernachtungen, Fernsehaufzeichnungen, Feiertage und jeder Tag dazwischen waren quälend unangenehm. Das Leben war leer. Anderen zu dienen? Fast unmöglich. Schlaf? Gab es nicht. Die Hoffnung war verpufft. Alles war Finsternis.

Damals beschloss ich, aktive Maßnahmen zu ergreifen. Es schien eine unmögliche Aufgabe zu sein, aber ich wusste, ich würde es nie schaffen, wenn ich nicht etwas Drastisches unternehmen würde. Anstatt meinem Schmerz davonzulaufen, stellte ich mich ihm also. Ich habe es bereits als ein sich dem Schmerz Hingeben beschrieben. Ich führte mich selbst an Aktivitäten, Kontakte und Projekte heran, von denen ich wusste, sie würden Schmerzen verursachen. Ich tat dies früher, als es notwendig gewesen wäre, und tat gleich mehrere Dinge auf einmal. Ich predigte auf Campmeetings, führte Beerdigungen durch, hielt ein Eheseminar, reiste zum Vergnügen (ein interessantes Wort dafür ...), ging wieder ins Fernsehstudio und vieles mehr. Der Schmerz war unglaublich, aber danach wusste ich, ich hatte etwas erreicht. Über diese Erfahrungen, meine Erinnerungen und meine Gefühle zu schreiben war ebenfalls hilfreich. Das Einhalten eines Übungsplans für körperliche Aktivität kombiniert mit regelmäßigem Gebet hatte ebenfalls einen positiven Effekt.

Ungefähr fünf Monate nach dem Verlust sah ich erkennbare Fortschritte. Nach sechs Monaten hatte ich einen kleinen Rückfall, aber kurz darauf begannen die Fortschritte von Neuem. Die Feiertage waren schrecklich, aber das Befolgen des Plans, sich dem Schmerz hinzugeben, zahlte sich wieder aus. Neun Monate nach Gayles Tod wusste ich, es gab Hoffnung für die Zukunft. Ich wusste, dass ich es irgendwie überstehen und eventuell sogar Erfolg haben würde. *Obwohl das Leben nie wieder so wie früher werden würde, könnte ich mich irgendwann wieder freuen.*

Es gab immer noch gute Tage und schlechte Tage und immer noch Zeiten tiefen Leids und der Tränen, aber ich fühlte deutliche Fortschritte.

Als der erste Todestag bevorstand, fühlte ich mich der Normalität näher. Ich konnte rational denken und tat bewusst Dinge, die mir einen Neuanfang signalisierten. Die Dinge, die ich weiterhin tat, gaben mir zu verstehen, dass das Leben nicht vorüber war und ein Neuanfang wirklich möglich ist.

Ich mache mir nichts vor. Ich weiß, meine Trauer ist nicht vorbei und in gewisser Weise wird sie das auch nie sein. Ich weiß, der 10. April – ihr Todestag – wird kein glücklicher Tag sein, und ich weiß, ich werde Gayle jahrelang schrecklich vermissen. Aber ich weiß auch, dass ich mein Leben in den Jahren, die mir bleiben, wirklich leben kann. Es ist meine Absicht, die Zeit, die mir gewährt wird, sinnvoll zu nutzen. Gayle würde nicht wollen, dass ich mein Leben vergeude. Gott fordert, dass das Geschenk, das mir gegeben wurde, nicht weggeworfen wird.

Auch wenn die Reise noch nicht beendet ist, glaube ich, dass die Fortschritte echt sind. Die Erinnerungen bleiben ein Leben lang, aber der Schmerz hat nachgelassen. Ich preise Gott dafür.

„‚Tod, wo ist dein Sieg? Tod, wo ist dein Stachel?' Der Stachel des Todes aber ist die Sünde, die Kraft aber der Sünde ist das Gesetz. Gott aber sei Dank, der uns den Sieg gibt durch unsern Herrn Jesus Christus!" (1. Korinther 15,55–57 LB)

Fragen & Impulse

1. Nimmst du Fortschritte auf deinem Trauerweg wahr? Wenn ja, was gibt dir das Gefühl, Fortschritte zu machen?

2. Es könnte hilfreich sein, irgendwann ein Resümee deines Trauerwegs zu verfassen. Wie waren die ersten Tage nach dem Verlust für dich? Welche Veränderungen gab es in den folgenden Wochen? Wo auf deinem Weg befindest du dich jetzt?

25

Schwere Barmherzigkeit, wunderbare Gnade

Bauchspeicheldrüsenkrebs kann äußerst schmerzhaft sein. Einige Leser werden bezeugen können, wie schrecklich ihre geliebten Menschen unter dieser Krankheit gelitten haben. Gayles Schmerzen wurden mit Tylenol und Advil behandelt, bis sie in ein Koma fiel. Das war wahre Barmherzigkeit ihr gegenüber, aber eine schwere Barmherzigkeit.

Meines Wissens können bestimmte Krebsarten einen Zustand hervorrufen, der laienhaft einfach „klebriges Blut" genannt wird. Dies kann dazu führen, dass sich Blutklümpchen im Körper bilden. In Gayles Fall wanderten abgebrochene Klümpchen ins Gehirn und verursachten dort Schlaganfälle. Die Schlaganfälle nahmen ihr das Augenlicht, verminderten das Gefühl in ihren Händen und versursachten Weiteres. Doch so schrecklich die Schlaganfälle auch waren, sie waren auch viel weniger schmerzhaft, als Bauchspeicheldrüsenkrebs es üblicherweise ist. Die Schlaganfälle nahmen Gayle das Leben und ersparten ihr so die heftigen Schmerzen des Krebses. Das war Barmherzigkeit, aber eine schwere Barmherzigkeit.

Und dennoch verspürten wir in alledem auch wunderbare Gnade. Ich sah Gottes Gnade in den Karten und Briefen, die wir von Freunden, Verwandten und Menschen, die wir gar nicht kannten, erhielten! Viele berichteten, wie sie durch Gayles Dienst im Fernsehen berührt worden waren, während andere über ihren Dienst im Unterricht oder in der Gemeinde sprachen; alle hatten sie Gottes Gnade durch Gayles Dienst erlebt. Ganze Schulklassen schickten Karten, Briefe, Bilder und vieles mehr quer durchs Land als Zeichen ihrer Liebe und Fürsorge. Sie beteten für Gayle in der Hoffnung auf ein Wunder. Geradezu Tausende sandten liebevolle Nachrichten der Betroffenheit auf Facebook und via E-Mail. Ihr Leben war auf irgendeine Weise durch Gayle bereichert worden und so beteten sie und bekundeten ihr Mitgefühl.

Paare nahmen Kontakt zu uns auf und berichteten, dass ihre Ehe durch Gayles Dienst gerettet oder bereichert worden war. Frauen meldeten sich bei uns und bekundeten, dass – obwohl sie Gayle nie persönlich getroffen hatten – ihr Leben sie dazu inspirierte, Frauen voller Würde und Gnade zu werden.

Als Menschen, die uns näherstanden, zusahen, wie tapfer und würdevoll Gayle ihrem bevorstehenden Tod entgegensah, wurde ihr Glaube gestärkt. Obwohl es so aussah, als würde Gayle ihr Wunder nicht erleben, geriet ihr Glaube nie ins Wanken und ihre Liebe für den Herrn ließ niemals nach. Gayles festes Vertrauen in Gott inspirierte jeden, der ihre letzten Tage miterlebte.

Gayle erlebte das Wunder, um das wir gebeten hatten, nicht. Aber durch Gottes Gnade durfte sie ein Wunder *sein* für alle, die ihr zusahen. Ihre Tapferkeit und ihr Glaube inspirierten viele zu einer tieferen Beziehung zu Jesus.

Durch die Schlaganfälle bewahrte Gott Gayle vor den heftigsten Schmerzen des Krebses. Aber sogar inmitten der Tragödie der letzten Tage in Gayles Leben und letztendlich ihrem Tod sahen wir Gottes wunderbare Gnade. Ich hörte sie in Gayles Gebeten, ihrem liebevollen Umgang mit Besuchern und ihrem festen Glauben. Sie war sichtbar in der Liebe für ihre Freunde, ihre Familie und für mich. Ich sah sie in den Nachrichten, die wir von Tausenden von Menschen rund um den Globus erhielten. Ich sehe sie immer noch in den Begebenheiten, die mir wöchentlich erzählt werden, wenn ich als Sprecher unterwegs bin. Gottes Barmherzigkeit war schwer, aber seine Gnade ist gleichwohl wunderbar.

Fragen & Impulse

1. Wo hast du in deinen Erlebnissen Gottes Gnade gesehen?
2. Hast du auch eine „schwere“ Barmherzigkeit erfahren?
3. Kannst du wahrnehmen, wie das Leben oder sogar der Tod deines geliebten Menschen auch als Demonstration für Gottes große Liebe, Barmherzigkeit und Gnade diente?

26

Der erste Jahrestag

Jahrestage sind unglaublich schmerzhaft. Es gibt keinen Weg drumherum. Jahrestage der ersten Symptome, der Diagnose, des Todes, Geburtstage, Hochzeiten und viele mehr sind absolute Tiefpunkte.

Zu Gayles erstem Todestag verfasste ich einen Blogeintrag, der für mich therapeutisch war. Es war ein kurzer Überblick über unser gemeinsames Leben – eine Nacherzählung unserer Geschichte. Er soll als Beispiel dienen, wie du auf deinem Trauerweg vielleicht mit Jahrestagen umgehen möchtest oder sie begehen kannst.

> Heute vor einem Jahr, am 10. April 2016, starb Gayle Tucker. Gayle war einige Tage zuvor in ein Koma gefallen und starb ruhig an der Seite einer ihrer Schwestern, ihrer beiden Töchter und ihres Ehemanns. Es war bei Weitem der schlimmste Tag meines Lebens.
>
> Gayle und ich lernten uns auf dem College kennen. Erst acht Monate, nachdem ich meinen Abschluss gemacht hatte, fingen wir an, miteinander auszugehen. Ich machte meinen Abschluss im Frühjahr 1974. Wir fingen im Januar 1975 an, miteinander auszugehen, und heirateten am 28. Dezember 1975. Nachdem ich sie erst einmal gefunden hatte, verlor ich keine Zeit mehr. Schon früh in unserer Beziehung erkannte ich, dass Gayle die Frau meines Lebens war.

Unser gemeinsamer missionarischer Dienst begann früh. Zwar dauerte es eine Weile, bis wir herausgefunden hatten, wie wir zusammenarbeiten konnten, aber danach schauten wir nicht mehr zurück. Mit Gayle zu arbeiten, ging mir in Fleisch und Blut über. Wir teilten nicht nur dieselbe Philosophie, wir kannten auch den nächsten Schritt des anderen. Wenn wir im Team arbeiteten, liefen wir zur Höchstform auf.

Erst letztes Wochenende, als ich auf einem Campmeeting predigte, bat mich ein Mann, der ungefähr in meinem Alter war, um ein Gespräch. Er sagte: „Ich habe Ihre Sendung *(Lifestyle Magazine)* angesehen, aber ich habe nicht wegen der Promis zugeschaut. Ich schaute zu, um zu sehen, wie Sie und Gayle zusammenarbeiteten und wie Sie interagierten. Ihre Liebe und Ihr gegenseitiger Respekt waren deutlich erkennbar. Es schien so, als wüssten Sie, wann Gayle etwas zu sagen hatte, und Sie traten beiseite und hörten zu, wenn sie sprach, und erst danach redeten Sie. Es war so liebevoll! Und dann zeigte die Kamera den Gast und ich rief: ‚Schwenkt doch zurück zu Mike und Gayle!' Ihnen beiden zuzusehen, lässt mich hoffen, vielleicht auch eines Tages eine solche Ehe führen zu können."

Gayle war ein Naturtalent als Lehrerin, Pastorin, Beraterin, Sängerin, Lobpreisleiterin, Chorleiterin, Seminarleiterin und TV-Persönlichkeit. Ihr Talent in diesen Bereichen schien grenzenlos und dennoch blieb sie demütig und sprach oft über das enorme Privileg, das sie von Gott erhalten hatte, indem sie für seine Mission arbeiten durfte. Sie war bei Weitem die begabteste Pastorin, mit der ich je arbeiten durfte.

Aber was viele Leute nicht wussten, war, dass es Gayle lieber gewesen wäre, nie im Rampenlicht zu stehen. Obgleich sie wahrscheinlich die meistgesehene Adventistin weltweit war (unsere Sendung hatte jede Woche im Schnitt vier Millionen Zuschauer), wäre Gayle genauso glücklich gewesen, irgendwo im Hintergrund zu dienen. Genau genommen lag ihre größte Freude darin, Ehefrau, Mutter und Großmutter zu sein. Sie war besonders talentiert in diesen Bereichen und liebte jeden Moment ihres Lebens in diesen Rollen.

Bei Gayle war absolut nichts vorgespielt. Die Frau, die man vor der Kamera oder auf der Kanzel sah, war zu Hause die gleiche Frau. Ich habe über vierzig Jahre mit ihr zusammengelebt und kann Ihnen sagen, dass ich nie eine ehrlichere und beständigere Christin getroffen habe. Ihr Leben stand in Einklang mit ihrem gelebten Glauben.

Sie lebte wirklich ihren Glauben durch die Liebe, die sie jedem zeigte, den sie traf. Sie war sogar zu den schwierigsten Menschen außergewöhnlich freundlich.

Niemand liebte Kinder oder Jugendliche mehr als Gayle. Wenn jemand über die Kinder oder Jugendlichen in der Gemeinde herzuziehen schien, wurde Gayle zum „Mamabär" und eilte zu ihrer Verteidigung. Niemand durfte schlecht über „unsere Kinder" reden. Sie wurde für Hunderte von Kindern und jungen Erwachsenen eine zweite Mutter. Eine Menge junger Leute bezeichneten uns sogar als „Pastor Mom" und „Pastor Dad" – Namen, die wir mit Stolz trugen.

Selbst in den schlimmsten Zeiten ihres Leids verlor sie nie den Glauben. Sie gab Gott nie die Schuld für ihre Krankheit oder ihren bevorstehenden Tod. Sie blieb dankbar für seine ewige, fanatische Liebe und seine fortwährende Treue zu ihr.

Als ich sie fragte, ob sie wütend auf Gott sei, schaute sie mich ungläubig an. „Warum? Nein, ich war sechzig Jahre lang vollkommen gesund, während andere nicht einmal einen Tag haben. Ich hatte vierzig Jahre eine wundervolle Ehe und eine aufregende Aufgabe, während die meisten nicht einmal wissen, was das ist." Sie sprach über ihre Kinder, Enkel, Geschwister und ihre Familie. Dann schloss sie: „Sollte ich wütend sein, dass dies alles nur sechzig Jahre gehalten hat und nicht achtzig? Das scheint mir sehr undankbar zu sein. Also nein, ich bin nicht wütend auf Gott. Ich bin dankbar!"

Gayle wurde im vergangenen Jahr schmerzlich vermisst. Viele werden noch jahrelang ihre Abwesenheit spüren. Ich werde sie bis ans Ende meiner Tage vermissen. Ihr Leben war in der Tat ein bemerkenswertes Leben; ein Leben, das Millionen berührte, ein Leben, das weiterhin widerhallen wird – bis in die Ewigkeit.

Schlaf gut, mein Schatz. Es wird bald Morgen werden!

Fragen & Impulse

1. Wie wirst du bedeutende Jahrestage deiner Verlusterfahrung begehen?

2. Welche Unterstützung kannst du dir suchen, wenn du dich mit den Jahrestagen befasst? Welche Pläne kannst du machen, um mit den Jahrestagen auf gesunde Art und Weise umzugehen?

3. Denke, schreibe, rede und weine weiterhin. Das ist wesentlich für deinen Weg hin zur Neuorientierung.

Teil 3

Trauernde unterstützen

Während du auf deinem eigenen Trauerweg voranschreitest, suchst du vielleicht nach Möglichkeiten, andere zu unterstützen, die einen ähnlichen Verlust erlitten haben. Dieser Abschnitt zeigt einige Gedanken auf, wie du das bestmöglich tun kannst.

27

Unterstützung

Ich habe in meiner Bibliothek ein Buch mit dem Titel *Don't Ask for the Dead Man's Golf Clubs* (*Fragen Sie nicht nach den Golfschlägern des toten Mannes*) stehen. Ich grinse jedes Mal, wenn ich an den Titel denke, aber dann erinnere ich mich daran, dass Menschen wirklich so unsensibel sein können - oder noch schlimmer! Einige meiner Mittrauernden erzählten mir erstaunliche Geschichten über die Gefühllosigkeit oder die ausgesprochenen Dummheiten, die manche Menschen von sich geben. Ihre Berichte lassen meine eher harmlos erscheinen.

Junge Pastoren und Seelsorger tun sich schwer damit, was sie in Zeiten eines Verlustes tun oder sagen sollen. *Ich habe sie einfach immer zu Folgendem ermutigt: „Sei da und sei still!"* Mein Rat ist zur Hälfte Scherz und zur Hälfte Wahrheit. Wenn man da ist, kann niemand sagen, man hätte kein Interesse gezeigt. Wenn man still ist, kann man nichts unglaublich Dummes sagen!

Ehrlich gesagt, gibt es nichts Richtiges zu sagen. Es ist unmöglich, etwas zu formulieren, das den Schmerz erleichtert oder den anderen gar aufheitert. Solche Worte existieren nicht! Und je früher du das einsiehst und aufhörst zu versuchen, genau das Richtige zu sagen, desto früher bist du tatsächlich eine echte Hilfe.

Zu meinem Erstaunen war die große Mehrheit absolut hilfreich auf dem schwierigsten Weg meines Lebens. Die Menschen haben mir Mut gemacht, sind mit mir essen gegangen, haben mir wunderbare Geschichten über Gayle erzählt, haben mir zugehört, boten mir ein Taschentuch an, wenn ich weinte, oder waren einfach für mich da, wenn ich sie am dringendsten brauchte. Ich kann ihnen ihre liebevolle Unterstützung niemals zurückzahlen.

Bei Weitem die meisten Leute auf Facebook waren fantastisch! Ihre Liebe, Unterstützung, Ermutigung und ihre weisen Ratschläge haben mich positiv beeinflusst.

Einer fragte mich nach der schrecklichsten Sache, die jemand gesagt oder getan hat. Mir fällt nichts Schreckliches ein, aber eins muss ich sagen: Am lästigsten waren die vielen Versuche, mich mit einer anderen Frau zu verkuppeln, ebenso wie die unverfrorene Äußerung vieler Frauen, bereit zu sein, „mich als ihr Projekt anzunehmen". Eine Frau auf Twitter war besonders dreist. Das war gelinde gesagt befremdlich.

Also, möchtest du eine Hilfe sein? Dann sei zuallererst da! Du musst nicht wirklich still sein, aber der Versuch, den Schmerz zu lindern oder die Trauernden dazu zu bringen, sich besser zu fühlen, ist für gewöhnlich nicht hilfreich. Es ist eigentlich sowieso unmöglich. Du könntest eine Geschichte über den geliebten Menschen erzählen, besonders wenn es eine positive ist. Oder du bekundest einfach deine Liebe und dein Mitgefühl für die Hinterbliebenen.

Biete praktische Hilfe an. Du könntest babysitten, die Hausarbeit erledigen, eine Mahlzeit zubereiten oder anbieten, dabeizusitzen und zuzuhören, wenn die Trauernden von ihren Erinnerungen erzählen. Stell dich zur Verfügung, um die Hinterbliebenen zur Kirche, zu Arztterminen, zum Einkaufen oder an irgendeinen Ort zu fahren, der Abwechslung bietet. Falls dein Angebot abgelehnt wird, sei nicht beleidigt. Du kannst es zu einem späteren Zeitpunkt wieder probieren, aber sei nicht verletzt, wenn dein Angebot nicht angenommen wird.

Schick eine Karte, einen Brief oder eine E-Mail. Ich sage es noch einmal: Gute Erinnerungen an den Verstorbenen sind großartig! Jeder möchte wissen, dass der Verstorbene vermisst wird und dass er einen positiven Eindruck hinterlassen hat. Erinnerungen lassen dies geschehen.

Stülpe Trauernden keine konstruierten Zeitpläne über! Ein Jahr ist nicht für jeden ausreichend. Manche Menschen können für drei bis fünf Jahre aktiv trauern, ohne in ihrer Trauer krankhaft zu sein. Obwohl vielleicht die Zeit kommen wird, wenn jemand, der dem Hinterbliebenen nahesteht, zu einem bewussten und offensiveren Traueransatz rät; Andeutungen, etwas sei nicht in Ordnung, wenn Trauernde nach einem Jahr noch nicht wieder „okay" sind, helfend aber definitiv nicht!

Bete für die Familie und lass sie das wissen. *Freundlichkeit, Zärtlichkeit, Barmherzigkeit und Mitgefühl sind die Schlagworte.*

Manchmal ist es einfach das Beste zu fragen: „Was kann ich tun?" Vielleicht musst du mehr als nur einmal zu verschiedenen Zeiten während der Wochen und Monate der Trauer fragen. Auch wenn du nie eine Antwort bekommst – die Frage lässt andere wissen, dass du um sie besorgt bist.

Es ist nicht möglich, jemals eine vollständige Liste zu liefern, und natürlich ist jeder anders; darum sind meine Anregungen nicht für jeden geeignet. Aber eine Möglichkeit zu finden, deine Anteilnahme und Liebe zu zeigen, ist immer richtig.

Im Großen und Ganzen haben das die Menschen für mich getan. Ich fühle mich von so vielen überall auf der Welt aufrichtig geliebt und angenommen. Die Frau auf Twitter bildet eine seltene Ausnahme und dafür bin ich dankbar.

Fragen & Impulse

1. Was haben Menschen für dich Hilfreiches getan?
2. Welche Dinge waren nicht hilfreich?
3. Denke, schreibe, rede und weine weiterhin.

28

Mythen über Trauer

Nur wenige Menschen verstehen Trauer in der Tiefe. Das erschwert die Neuorientierung nach einem Verlust. Es ist teilweise schwieriger, weil der Trauernde nicht weiß, was normal ist oder was als Nächstes zu erwarten ist. Aber es ist auch härter, weil diejenigen, die versuchen zu helfen, unter Umständen für den Trauerprozess kontraproduktive Dinge tun. Sie sind nicht etwa absichtlich nicht hilfreich; sie wissen einfach nicht, was sie tun oder sagen sollen, also ist das, was sie sich einfallen lassen, häufig sogar verletzend.

Um Missverständnisse aufzuklären, hier einige Mythen über Trauer.

Mythen

Nach dem Geschehenen zu fragen und über den Verstorbenen zu sprechen, verstärkt den Schmerz für den Trauernden. Die Hinterbliebenen müssen sogar ihre Geschichte erzählen. Über den Verstorbenen zu reden, gehört zum Besten, das man tun kann, wenn man trauert. Es kann eine enorme Hilfe für die Neuorientierung sein. Außerdem sagt es dem Trauernden, dass sein geliebter Mensch nicht vergessen ist. Die meisten Menschen finden das sehr tröstlich.

Es ist das Beste, allein zu trauern. Obwohl Trauer die Hinterbliebenen tendenziell isoliert, ist Isolation nicht gesund. Die

Hinterbliebenen benötigen – und oft wollen sie es auch – die Unterstützung von Familie und Freunden, die einfach nur ihre Erzählungen anhören, ohne zu versuchen, irgendetwas „in Ordnung zu bringen" oder zu retten.

Menschen kann man ersetzen. Wiederheirat wird den verstorbenen Ehepartner nicht ersetzen. Noch ein Baby zu bekommen wird das Kind, das gestorben ist, nicht ersetzen. Der Versuch, dem Trauernden mit dem Vorschlag eines Ersatzes ein besseres Gefühl zu vermitteln, ist nicht nur unrealistisch, sondern auch ziemlich beleidigend.

Der Trauerprozess dauert ein bis drei Monate. Trauer kann ein bis fünf Jahre anhalten, je nach Intensität und Dauer der Beziehung, der Todesart und des Umfangs an Unterstützung, die man erhält. Die intensivsten Symptome bleiben in der Regel sechs bis neun Monate bestehen, mit einer starken Zunahme des Schmerzes um den Jahrestag des Todes. Aber in gewisser Weise endet die Trauer niemals ganz. Der Hinterbliebene wird sich für den Rest seines Lebens an die geliebte Person erinnern, sie vermissen und den Verlust weiter betrauern.

Mit Plattitüden kann man den Schmerz verringern. Plattitüden können den Schmerz vergrößern und Wut hervorrufen! Sätze wie „Sie ist jetzt an einem besseren Ort", „Gott brauchte noch eine Blume für seinen Garten", „Wenigstens hat du noch ein zweites Kind", „Er hat ein erfülltes Leben gehabt" oder „Du bist jung, du kannst wieder heiraten" werten den Verlust ab und vergrößern den Schmerz.

Lachen ist für Trauernde ungesund. Die Wahrheit ist: Es ist ungesund, immer nur zu trauern. Es ist dem Verstorbenen gegenüber nicht treulos, zu lachen oder das Leben zu genießen. Im Grunde genommen ist es ein guter Indikator dafür, dass Fortschritte gemacht werden.

Trauernde soll man nicht mit Anrufen belästigen, um zu fragen, wie es ihnen geht, besonders nicht an Geburts-, Jahres- und Feiertagen. Du belästigst sie nicht. Menschen, die trauern, fühlen sich an solchen Tagen sehr einsam, und zu wissen, dass jemand an sie denkt, ist eine enorme Hilfe.

Trauernde, die das Gefühl haben, den Verstorbenen zu sehen oder zu hören, sind geistig krank und brauchen Hilfe. Es ist gar nicht ungewöhnlich, dass man den Verstorbenen sieht oder hört, besonders für verwitwete Menschen. Man sagt, es sei das Unterbewusstsein, das sich nach dem Verstorbenen sehnt und ihn sucht. Das ist völlig normal und hat nichts mit Geisteskrankheit zu tun.

Man kommt über den Schmerz eines Verlustes nie hinweg. Die meisten Menschen, die so etwas glauben, durften nicht trauern. Deshalb durfte die Wunde nicht heilen. Sich ohne Schmerz zu erinnern, ist das Ziel der Trauerbewältigung und es ist erreichbar. Folglich ist es möglich, sich weiterhin zu erinnern oder sogar zu trauern – ohne den intensiven Schmerz der Trauer.

Trauer ist ein Zeichen für mangelnde Religiosität. Trauer ist ein Umstand der menschlichen Existenz. Zutiefst religiöse Menschen trauern. Der Apostel Paulus lässt uns wissen, dass wir trauern, aber nicht wie diejenigen, die ohne Hoffnung sind (1. Thessalonicher 4,13–18). Die christliche Hoffnung der Auferstehung nimmt den Schmerz des Verlustes nicht weg, aber sie hilft uns, unserer Trauer die richtige Perspektive zu verleihen.

Fragen & Impulse

1. Denke, schreibe, rede und weine weiterhin.
2. Hast du an irgendwelche Mythen der Trauer geglaubt? Wenn ja, an welche?
3. Welche Dinge haben Menschen in dem Versuch zu helfen getan, die sich als kontraproduktiv erwiesen?

29

Urlaub von der Trauer

Es ist ungesund, vierundzwanzig Stunden am Tag, sieben Tage die Woche untergetaucht in den tiefsten Wassern der Trauer zu verbringen. Hin und wieder kann es gesund sein, sozusagen Urlaub von der Trauer zu machen. So albern das auch klingen mag, es kann auf dem Trauerweg ein gesundes Hilfsmittel sein. Etwas, das du für andere tun kannst, die sich auf dem Trauerweg befinden, ist, ihnen dabei zu helfen, diesen Urlaub zu machen, wenn die Zeit dafür reif ist.

Ein Urlaub von der Trauer kann etwas so Einfaches sein wie ein Schaumbad zu nehmen, einen Roman zu lesen oder ins Kino zu gehen. Oder es kann etwas Großes sein wie ein Wochenende zu vereisen oder sogar für ein bis zwei Wochen. In meinem Bemühen, eine Atempause von meinem Kummer zu haben, habe ich als Urlaub von der Trauer ab und zu Golf gespielt und sogar allein eine Kreuzfahrt gemacht.

Wenn ich Trauerbewältigungsseminare halte, gebe ich den Teilnehmern zwischendurch Aufgaben auf. Ich bitte sie, in der kommenden Woche einmal Urlaub von der Trauer zu machen. Dieser Urlaub kann eine Stunde oder mehrere Tage dauern. Aber sie sollen etwas finden, um sich selbst eine Atempause von ihrem Kummer zu gönnen. Eine Seminarteilnehmerin nahm mich beim Wort und unternahm spontan einen Trip nach Las Vegas! Das würde ich normalerweise nicht empfehlen, da Trauernde Gefahr laufen, schlechte Entscheidungen in Bezug auf Alkoholkonsum und sogar Spielsucht zu treffen, doch es war eine Entscheidung, die für die Frau namens Janie absolut passend war.

Als ich den Seminarraum in der darauffolgenden Woche betrat, fand ich einen Brief von ihr, den ein Freund vorbeigebracht hatte. Das stand darin:

Lieber Mr. Tucker,

hier kommt Ihre Überraschung. Ich bin nicht da! Ich bin unterwegs, um mir selbst etwas Gutes zu gönnen, indem ich mir eine Auszeit von meiner Trauer nehme.

Mein Mann und ich sind in Las Vegas. Vor einiger Zeit planten wir eine Reise, weil ich mal weg musste von zu Hause und weg von der Arbeit. Aber die Krankheit und schließlich der Tod meiner Mutter ließen uns die Pläne verschieben. Doch als Sie uns vorschlugen, Urlaub von der Trauer zu machen, sagte ich: „Warum nicht?"

Also kauften wir uns Last-Minute-Tickets, buchten ein Hotel und hoben ab. Es gefällt uns so gut, dass wir beschlossen haben, länger zu bleiben, aber das heißt auch, dass ich eine Sitzung verpasse. Das tut mir leid, da die Sitzungen mir sehr viel bedeuten!

Ich verspreche, nächste Woche zurück zu sein, aber bis dahin verspreche ich auch, dass ich Sie alle nicht vermissen werde! Ich werde ein bisschen Spaß haben.

Bis nächste Woche!
Janie

Janie war in der folgenden Woche mit neuer Energie für ihren Trauerweg zurück. Zunächst fühlte sie sich schuldig, weil sie einige Zeit nicht in Trauer verbracht hatte. Aber als sie erkannte, dass es sogar gesund war, konnte sie die Schuldgefühle abschütteln und mit neuem Elan zur harten Arbeit der Trauer zurückkehren.

Nicht jeder kann das Gleiche tun. Manche empfinden den Schmerz der Trauer so tief, dass sie eine Urlaubsreise gar nicht genießen könnten. Andere haben einfach nicht die finanziellen Ressourcen, um sich eine solche Extravaganz zu leisten. Aber vielleicht kannst du ein Nickerchen halten, ein Buch lesen, einen Film anschauen, einen Spaziergang machen oder eine Runde Golf spielen. Lach über einen guten Witz, besuch einen Freund und sprich bewusst nicht über deinen Verlust oder schau dir deine Lieblingssendung im Fernsehen an. *Wenn du die harte Arbeit der Trauer nur für ein paar Minuten ruhen lassen kannst, stellst du vielleicht fest, dass du neue Energie für den Trauerweg bekommen hast.*

Ich habe herausgefunden, dass das Lesen einfach geschriebener Andachten eine weitere Möglichkeit ist, mich von meinem Verlust abzulenken und wieder Kraft für die Härte der Trauer zu gewinnen. Zweifellos wirst du weitere Ideen haben, solch einen Urlaub zu machen.

Einen Freund auf dem Trauerweg zu begleiten, kann etwas so Einfaches umfassen, wie ihn zum Lachen zu bringen oder gemeinsam einen entspannten Nachmittag zu verbringen. Sicherlich gibt es Zeiten, in denen Zuhören und Unterstützung beim Verarbeiten des Schmerzes angesagt sind. Ein Urlaub von der Trauer kann aber auch recht hilfreich sein!

Fragen & Impulse

1. Hast du je daran gedacht, Urlaub von der Trauer zu machen? Könnte so etwas hilfreich für dich sein?

2. Was würdest du einem trauernden Freund empfehlen? Könntest du deinen Freund darin unterstützen, Urlaub vom Kummer zu machen?

Teil 4

Loslassen

Was passiert, wenn die Trauer nachlässt? Was folgt darauf? Wie gehen wir zum nächsten Kapitel unseres Lebens über?

Diese Fragen können nicht vollständig gestellt und beantwortet werden, bis man für das nächste Kapitel des Lebens bereit ist. Aber wenn dieser Tag kommt, muss man sich damit auseinandersetzen und Antworten für sich finden.

30

Mit dem Morgen kommt die Freude

Die Nacht ist noch voll Weinen, doch mit dem Morgen kommt die Freude. (Psalm 30,6 NLB)

Irgendwann lässt die Trauer nach. Wenn man sich an alles angepasst und von allem verabschiedet hat, kommt ein Tag, an dem man sich ohne Schmerz an den geliebten Menschen erinnern kann.

Als der Tod eintrat, hast du deinem geliebten Menschen eine große Ehre erwiesen. Du trauertest um seinen Verlust. Deine Trauer war groß, weil deine Liebe groß war, und das war in gewisser Weise deine Anerkennung.

Auch wenn du deinen geliebten Menschen immer vermissen wirst und auch wenn die Trauer in gewisser Weise niemals wirklich endet, kommt die Zeit, in der deine Erinnerungen lieblicher werden und du dich fragst, welche die nächste Phase in deinem Leben sein wird. Wenn diese Zeit da ist, wird es auch Zeit für eine neue Art der Anerkennung. Es wird Zeit, dein Leben zu leben, und indem du das tust, würdigst du deinen geliebten Menschen durch ein erfülltes Leben.

Einige Aspekte deines Lebens vor dem Verlust werden zweifelsfrei gleich bleiben, während andere Facetten sich definitiv verändern werden. Im Großen und Ganzen entscheidest du selbst, was bleibt und was sich verändert.

Obwohl ich dir nicht sagen kann, wie dein Leben aussehen wird, kann ich mit dir teilen, was ich auf meinem Weg gelernt habe.

Meiner Meinung nach ist jedes lebenswerte Leben ein solches, das für etwas Größeres als einen selbst gelebt wird. Eins der besten Dinge in deinem Leben vor dem Verlust war die Freude, die du durch das Leben mit deinem und für deinen geliebten Menschen empfunden hast. Es ist gut möglich, dass du bereitwillig dein Leben für diesen Menschen gegeben hättest. Dein geliebter Mensch war eine Hauptquelle für die Bedeutung deiner Existenz.

Als dieser Mensch starb, warst du gezwungen, einen neuen Sinn für dein Leben zu finden. *Deshalb ist es so wichtig, die emotionale Energie, die du in diese Beziehung investiert hast, neu zu investieren. Diese Neuinvestition wird dich definieren und dir einen berechtigten Grund zum Leben geben.*

Die besten Investitionen werden in Gott und in andere Menschen getätigt. Sie sind sehr viel langlebiger als Investitionen in sich selbst oder in materielle Dinge. Meiner Ansicht nach bieten Investitionen in Gott und in andere die besten Chancen für ein Leben von Wert, Freude und Sinn. Sie machen dein Leben zu einem Objekt der Schönheit.

Was mich betrifft, werde ich mich weiterhin für den missionarischen Dienst engagieren, egal ob ich dafür bezahlt werde oder es als Ehrenamtlicher tue. Anderen zu dienen, ist mein Dienst für Gott. Es ist meine Gelegenheit, in das Leben anderer zu investieren. Anderen zu dienen, macht mir Freude.

Ich werde auch weiterhin in das Leben meiner Familie und meiner Freunde investieren. Ich bin immer noch ein Vater und ein Großvater. Ich liebe meine Familie und würde alles für sie tun. Diese Investition bietet mir eine wahre Quelle des Sinns.

Viele, die einen Ehepartner verloren haben, mögen sich dafür entscheiden, wieder zu heiraten, während andere das Gefühl haben, eine neue Beziehung sei nichts für sie, oder sie einfach nicht den richtigen Partner zum Heiraten finden. Ich habe für mich entschieden, wieder zu heiraten, da ich eine Frau gefunden habe, die bestrebt ist, gemeinsam mit mir anderen zu dienen. Ich bete darum, dass unsere Verbindung nicht nur uns beide glücklich macht, sondern auch die Qualität unseres Dienstes für Gott und am Nächsten verbessert.

Auch wenn ich dir nicht sagen kann, worin du wieder investieren solltest, empfehle ich dir Gott und Menschen als Vermögenswerte, die die beste Rendite mit sich bringen. Wenn du einen Partner verloren hast, kannst du wieder heiraten oder nicht. Das ist weniger wichtig, als du vielleicht glaubst. Viel wichtiger ist, dass du beschließt, dein Leben für andere zu leben.

Wofür du dich auch entscheidest, ich bete darum, dass die Tränen, die am Abend fließen, versiegen, sodass du die Freude am Morgen annehmen kannst.

Fragen & Impulse

1. Auch wenn du weißt, dass sich die Details in den kommenden Monaten und Jahren verändern können, welche Investitionen planst du für dein Leben?
2. Was sind die großen Ziele deines Lebens? Wie kommen diese Ziele in den Kleinigkeiten des täglichen Lebens zum Tragen?
3. Vielleicht beschließt du, dein Tagebuch oder deinen Blog noch einmal durchzulesen. Was hast du daraus gelernt? Hast du irgendwelche Muster erkannt oder neue Einsichten gewonnen?
4. Finde einen Weg, um das mit anderen zu teilen, was du durch deine Trauer gelernt hast. Kennst du Menschen, die gerade einen ähnlichen Weg gehen? Könntest du sie unterstützen?

Weitere inspirierende
Bücher
im
Advent-Verlag

Trostbuch

– Für den Trauerweg

Trauer ist so einzigartig wie ein Fingerabdruck, denn kein anderer fühlt und leidet so wie du es jetzt tust. Dennoch bist du nicht allein auf diesem beschwerlichen Weg der Trauer. Die Texte dieses Bandes sind geschrieben worden, um dich auf deinem Trauerweg zu begleiten. Sie wollen deinen Verlust anerkennen, dazu ermutigen, deiner Trauer Raum und Zeit zu geben und dir helfen, neue Perspektiven zu gewinnen. Die vorliegenden Betrachtungen laden dich ein, Gottes Hand zu ergreifen und der großen Hoffnung auf ein Wiedersehen zu vertrauen.

Hans-Otto Reling hat in Deutschland, England und den USA Theologie und Psychologie studiert. Aktuell ist er Pastor und Hospizseelsorger in Uelzen, Niedersachsen.

Hans-Otto Reling

Trostbuch

Softcover mit Klappbroschur, 132 Seiten, 18 x 18 cm

Art.-Nr. 1558, **Preis: 14,90 €**

PsalmBerührungen

Band 1 und 2

Wer die Psalmen heute hört, liest oder singt, kann noch immer ihre ursprüngliche Kraft spüren. Als Gebete und Lieder von bewegten Menschen, bewegen sie auch heute noch.

In diesem durchgängig bebilderten Band, lädt der Autor den Leser ein, sich neu von den großen Fragen, Hoffnungen und Sehnsüchten der Psalmen berühren zu lassen.

Hans-Otto Reling hat in Deutschland, England und den USA Theologie und Psychologie studiert. Aktuell ist er Pastor und Hospizseelsorger in Uelzen, Niedersachsen.

Hans-Otto Reling

PsalmBerührungen, Band 1 und 2

Softcover mit Klappbroschur, je 160 Seiten, 18 x 18 cm

Band 1 – Art.-Nr. 1968, **Preis: 14,90 €**

Band 2 – Art.-Nr. 1969, **Preis: 14,90 €**

Stich ins Herz

Das Ringen um Vergebung nach einer unfassbaren Tat

Was würdest du tun, wenn du erfährst, dass deine Tochter ermordet wurde und über 4000 Kilometer entfernt in einem Leichenschauhaus liegt?

Wo war Gott, als sich der Mörder in ihr Apartment schlich und sie überfiel?

Ehrlich und schonungslos stellt sich der Familienvater und Seelsorger Darold Bigger diesen und weiteren bohrenden Fragen. Dieses Buch – teils biografisches Erlebnis, teils Ratgeber – zeigt die tiefschürfenden Antworten, zu denen sich der Autor durchrang. Auf seiner Suche nach Heilung stößt er dabei auf das zentrale Thema der Vergebung. Doch kann eine solche Tat überhaupt vergeben werden?

Darold Bigger

Stich ins Herz

254 Seiten, Paperback, 14 x 21 cm, 2019

Art.-Nr. 1979, **Preis: 20,00 €, Leserkreis: 17,00 €**

Deine Notizen

Deine Notizen

Deine Notizen

Deine Notizen